JN005715

子どもアドボカシー

つながり・声・リソースをつくる
インケアユースの物語

畑千鶴乃　菊池幸工　藤野謙一

明石書店

はじめに

　本書は、カナダから学んで、子どもと大人がパートナーとなって子ども
の声を表に出しながら一緒に問題解決を図ってきた子どもアドボカシー
を、ユース自身にまず紹介したいという思いから生まれました。そしてこれ
だったら自分と大人とが一緒になってできるなと具体的なイメージがわ
く、この形のままで使える本にしようと考えました。カナダのユースや大
人と交流するなかで日本のユースや大人がとても励まされて、日本に戻っ
てからすぐに行動を起こした物語として描くことで、アドボカシーは難し
いことじゃない、自分が大人とパートナーとなって行動を起こし変えてい
くことなんだと、肌感覚で分かってもらいたいと伝えたかったからです。

　ただマニュアル本にすると読んでいて面白みがないので、子どもと大人
が共に行動を起こすときのわくわくとした躍動感が、カナダの文化的背景
も含んで伝わるように写真も多く用いて、そのとき、その場の臨場感を表
現できるように工夫してみました。

　本書の第1部とあとがきの執筆者である菊池幸工氏が紹介しています
が、私たちがカナダから学んだ子どもアドボカシーは「子どもたちにどの
ようなインパクトを与えたのか?」これにつきます。つまり「子どもが自
信をもち、自分の権利に関する知識をもち、人の助けを借りずに自分で自
分をアドボケイトし、自分には社会を変える力があると実感がもてるよう
になったのか」。このカナダオンタリオ州子どもとユースアドボカシー事
務所の活動基準を私たちの子どもアドボカシーの活動指針とおき、子ども
と大人が共に無我夢中で模索してきました。この模索はこれからも続きま
すが、いったんこの時点で私たちが歩んできた道を振り返り、自分たちも
行動を起こしてみたいと願う子どもやユースと彼らを支援しようとする
方々にお届けできたらと思います。

　子どもたちと共にアドボカシーを起こそうとする人たちのことをカナダ

ではAlly（アライ・同志、同胞、味方の意味）と呼んでいます。子どもやユース当事者と一緒に歩んでいく同志や同胞が一つのコミュニティとなって変化を起こしていこうとする営みが、コミュニティディベロップメントアドボカシーです。その意味において私たちは、コミュニティディベロップメントアドボカシーを日本の各地で起こせるのではないかと願っています。それこそが日本が目指す子どもアドボカシーであると確信しているからです。大人は子どもやユースの話を聞いた以上は行動を起こさなければならない責任があります。つまり「子どもやユースから話を聞いてAllyとなって子どもと共に動き切る」を実践できるかです。子どもの話を聞くだけにとどまらない、逆境に直面している子どもやユースの日常を豊かにし、法制度、仕組み、人々の慣習や意識を改善するために、子どもと共に行動し切る大人の責任と覚悟を求める子どもアドボカシーを本書は描きました。

　本書は3つの部で構成しています。まず第1部では、カナダオンタリオ州トロントに40年近く暮らし、オンタリオ州子どもとユースアドボカシー事務所の活動へAllyとして支え続け、その後、日本とカナダ双方のユースの交流をきっかけに、アドボカシー事務所へ日本のユースと大人が訪問して交流したり学んだりできる道をつくった菊池幸工氏が、アドボカシー事務所のサポートを得てオンタリオ州のユースがどのように自分たちの人生を自らの手で切り拓いていったのか、その姿を学んで日本のユースが帰国後どのような変化を自らの手で起こしていったのかまとめています。日本とカナダのユース国際交流の第一人者として、この国際交流の活動が子どもやユースの未来を拓くアドボカシー活動の一環であると確信し、今後も継続するその重要性を訴えています。

　第2部では、第1部を受けて藤野謙一氏が菊池氏による国際交流の支援を得ながら、実際に日本の社会的養護各施設で暮らす高校生とそこに勤めるスタッフと共に、日本とカナダオンタリオ州との国際交流のプログラムを自ら開発し、実際にユースを連れてスタッフも一緒にカナダオンタリオ州で過ごした充実した日々と、オンタリオ州子どもとユースアドボカシー

事務所でアドボカシーを得ることで、子どもも大人も日本に帰ってからすぐに変革に向けて行動を起こしていった躍動的な模索を描いています。またこの国際交流のプログラムを基に、国内でもできる1泊2日や2泊3日の子どもアドボカシー合宿も開発し、日本でも子どもたちと施設の職員が一緒に起こせる子どもアドボカシーの過程を詳細に解説しており、「子どもやユースから話を聞いてAllyとなって子どもと共に動き切る」を自ら体現してみせた、極めて萌芽的かつ貴重な実践記録です。

第3部では、畑千鶴乃が第1部と第2部を振り返り、結論としてカナダオンタリオ州から学んだ子どもアドボカシーの原理を再度紹介しています。オンタリオ州が目指した子どもアドボカシーは、抑圧している者と抑圧されている者の対立構造を超えていこうとするところに神髄があります。子どもたちが直面する民族的な歴史や現在にも受け継がれている問題を語るなかで、本質的にこの矛盾した関係を克服し、人間と人間との対等で新たなパートナーシップを目指す、周囲から抑圧されることなく言論、表現、思想などを表明できることや、痛みや苦しみ、差別、貧困などから解放された真の自由を獲得することに実践原理をおくことの意味を詳細に解説しています。そしてそこから日本が学ぶべき子どもアドボカシーの視点を提案するものです。

ユースの皆さん、「大人は話を聞くだけで何も変えようとしない、言ったってむだ、聞くだけ聞いて何もしてくれない」を一緒に変えていきませんか。大人もユースの皆さんと何かできないだろうかと思いながらも、方法をもっていないときもあります。そこで本書はユースと大人とが一緒につくった子どもアドボカシーの方法を中心に載せましたので、これらの方法で一緒に変える道を模索してみませんか。子どもやユースのサポートをされておられる皆さん、私たちの力だけではもう変えていくことが難しい、でも子どもに聞いて一緒に変えていきたいと思っておられるその方々に向けてまとめたのが本書でもあります。本書がそのお役に立てたならばとてもうれしいです。

本書に登場するカナダオンタリオ州にあるトロントメトロポリタン大学（旧ライアソン大学）は、子どもやユースのサポートの現場でアドボカシーができる人材を養成する教育課程（the School of Child and Youth Care）をもち、そこでは子どもアドボカシーの必修授業があります。それらを包括的に学んで、学生は専門家となり現場で活躍しています。その教育の実際を学ぶべく私は2023年4月より1年間この大学でジュディ・フィンレイ学科長（初代オンタリオ州子どもとユースアドボカシー事務所所長）を指導教官として研究に従事します。研究内容は「子どもやユースと共にカナダで学ぶ子どもアドボカシープログラム開発」です。今なお発展し続ける子どもアドボカシーを今度はカナダにいながら探究する予定ですので、関心のある方はぜひ当大学のHPなどを通じて連絡を下さい。子どもたちを連れてカナダで学ぶ子どもアドボカシー国際交流のプログラムを一緒に開発したいと願う方々がいて下さることを願っています。

　最後になりましたが、本書はオンタリオ州子どもとユースアドボカシー事務所のスタッフ、アンプリファイアーの皆様、オンタリオ州に学びに行った日本キリスト教児童福祉連盟に集うユースと社会的養護各施設職員の皆様、鳥取で立ち上げた当時者ユースグループHope & Homeの皆様、鳥取養育研究所、CAPTA（子どもの虐待防止ネットワーク鳥取）の同志のお陰で発刊の運びとなりました。

　また出版をご支援下さいました明石書店深澤孝之様、地道な編集の作業を頂きました伊得陽子様の大きなお力添えを頂き発刊することができました。

　本研究はJSPS科研費JP18K18113、JP21K13559、鳥取大学地域学部戦略3‐1、社会福祉法人鳥取県共同募金、鳥取養育研究所、CAPTAの助成を受けたものです。

　この場をお借りし、本書へのご支援を頂きました皆様に深くお礼申し上げます。

　2023年2月

執筆者代表・監修　畑　千鶴乃

子どもアドボカシー
つながり・声・リソースをつくるインケアユースの物語

目次

第2部　コミュニティディベロップメントアドボカシーへの模索

藤野 謙一

第3部　人間発達の原理をもつアドボカシー

畑 千鶴乃

第1部

未来を拓く子どもアドボカシー

菊池　幸工

システミックアドボカシーで
社会を変える

・・・・・・・・・・・・・・・・・・・・・・・・・・・・・・・・・・・・・・

第1節　カナダでの当事者ユースによるセルフアドボカシーの実践

　アドボカシー事務所のアドボキット[1]の活動基準は、意思決定のプロセスにユースがどこまで参加できたか、アドボカシー事務所が提案する戦略や計画についてユースの同意が得られているか、アドボカシー事務所の活動がユースたちにどういうインパクトを与えたのか、そのインパクトとは、自信をもつことができたのか、知識をもつことができたのか、人の助けを借りずに自分で自分をアドボケイトできるようになったのか、自ら社会を変える力があると自覚したのか、である。（オンタリオ州アドボカシー事務所）

1 ● Our Voice Our Turn Projectによる制度改革の実践活動

　まず初めに、里親やグループホームなどの社会的養護（以下、インケア）の経験者である当事者ユース（以下、ユース）によるセルフアドボカシーが行われている実際の例を通して、いかにしてユースがシステミックアド

1　日本では英語でアドボカシーを行う人（advocate：名詞）を「アドボケイト」と日本語に訳していますが、これは動詞での発音（æd.və.keɪt）であり、名詞は英語では通常「アドボキット（æd.və.kət）」に近い発音をするので、動詞の「アドボケイト」と区別するために本書では「アドボキット」に統一している。

ボカシー[2]の活動を実践しているかを紹介します。ここで紹介するのはカナダ・オンタリオ州のユースの団体による実践例です。

（1）プロジェクトの誕生

　ユースのグループによる大規模なセルフアドボカシーの動きが始まったプロジェクトについて紹介しましょう[3]。このプロジェクトは、当時オンタリオ州アドボカシー事務所所長で州アドボキットであったアーウィン・エルマン（Irwin Elman）氏（以下、エルマン氏）が、2009年にユースからオンタリオ州の児童福祉制度を変えたいという話を直接聞いたとき、その話の内容が1980年代に語られた内容から何ら進化がなかったことを知って愕然とし、ひとりのユースが「今回は何をしてくれるんだ」とエルマン氏に迫ったことから始まりました。

　80年代から変わらない状況とは、インケアにいた子どもたちが、インケアを出た後に彼らを待ち構えている厳しい生活のことでした。高い高校中退率とそれによる低い大学進学率、その結果起こる不安定な雇用、貧困、孤独、薬物依存、ホームレスなど非常に苦しい生活が待っていました。そのため、インケアを出た後のユースが生きるために犯罪に手を染め、青年司法制度に関わるケースが非常に多かったのです。

　80年代前半からアドボカシー事務所は政府の機関として、主に「個別の権利アドボカシー」を中心に業務を行い、インケアにいる子ども一人ひとりの個別の権利擁護活動をしてきました。しかし個別の権利アドボカシーでは、いくら対応しても問題を起こす根本原因が解決されなければ、結局同じ問題は繰り返されます。しかし根本的な問題を解決しようとしてシステミックアドボカシーを実行しようとすれば、法律や制度を変えなけ

2　システミックアドボカシーについては、第1章第3節を参照。

3　畑千鶴乃・大谷由紀子・菊池幸工『子どもの権利最前線　カナダ・オンタリオ州の挑戦──子どもの声を聴くコミュニティハブとアドボカシー事務所』かもがわ出版、2018年、pp. 155–160。

写真１　プロジェクトのロ
ゴ　Our Voice Our Turn

ればならず、場合によっては、時の政府の政策や施策と対立することがあります。実際、ジュディ・フィンレイ（Judy Finlay）氏[4]が州のチーフアドボキットであったとき、彼女が担当省の政策を批判したため、大臣が彼女を解雇しようとしたことがありました。このときは、州首相がこれを引き留めて解雇には至りませんでしたが、このようにアドボカシー事務所が政府の一機関であるうちは、政府との対立からシステミックアドボカシーはうまく機能しませんでした。しかし2007年に法律が変わり、アドボカシー事務所が政府から独立して州議会に直接報告するようになって初めて、システミックアドボカシーは大きく動き始めたのです。

　さてエルマン氏と話したのをきっかけに、ユースたちはオンタリオ州の各地に住む他のユースやシェルターに住む若者にも話を聞き、さらに大臣や政府機関の役人とその関連機関の関係者、市議会議員などからも話を聞きました。そして分かったことは「大人たちはそれぞれの立場で頑張ってきた。次は我々ユースの出番だ」ということでした。これまでもユースは何度も児童福祉制度改革を訴えてきましたが、彼らの声は無視され続け、一向に制度は変わりませんでした。「これまでのようなやり方ではだめだ」とユースは思ったと言います。そこで考えついたのが「ユースの生活経験の実態を集めること」、そしてこれを「親」であるべき州政府に対し「議事堂での公聴会」を開いて、その場で直接訴えることでした。こうしてユースが企画から宣伝、進行、メディア対応まで一切を担当する「公聴会」のプロジェクトが立ち上がりました。これが「私たちの主張、私

4　ジュディ・フィンレイ氏は、1984年から2007年までオンタリオ州チーフアドボキットを務めた。その間、日本に数回招聘されて、各地で子どもアドボカシーについての講演やワークショップを行っている。現在はトロントメトロポリタン大学the School of Child and Youth Careの学科長であり、准教授を務めている。

たちの出番：自立する当事者のプロジェクト（Our Voice Our Turn: Youth Leaving Care Project）」です。彼らユースは、このプロジェクトを通じてお互いにつながり、この活動を進める過程で、その後自分

写真2　公聴会の様子

たちのコミュニティを形成していきます。

　オンタリオ州の社会的養護制度では、里親の家やグループホームに住むユースは、満18歳になるともうそこには住むことができなくなり、大学に進学した場合はわずかな援助金が支給されるものの、21歳になった段階ですべての支援は打ち切られ、大学に進学したユースはその後の財政的基盤を失って卒業もできないまま社会へ放り出されているケースが多々ありました。ユースの中には16歳から自活を強いられる人もいました。

　そこで、プロジェクトは2010年に2日間、オンタリオ州議事堂内の委員会室で児童福祉制度の改革を訴える公聴会を開催しました。主催は社会的養護生活を経験したユースたちで、アドボカシー事務所の全面的サポートを受けました。この公聴会では州議会議員、担当省大臣や官僚、児童福祉の現場の職員、そして一般市民がユースの声に耳を傾けました。このイベントは公聴会をオンタリオ州議会議事堂内で開くという画期的なイベントでしたが、同時にこのプロジェクトを企画から準備、当事者の生活体験ストーリーの募集、当日の進行およびパネリスト、そして宣伝およびメディア対応まで、すべてユースが行いました。公聴会でユースのパネリストが述べた「経験」や「提言」は公募されたもので、文章だけでなく絵やエッセー、詩、動画や録音など、あらゆる媒体を使って担当のユースに提出され全部で300件以上集まったと言います。こうしてユースは自分たちの声を獲得していきました。この活動の裏には2010年からアドボカシー事務所が導入したコミュニティディベロップメントアドバイザー（CDA）による支援がありました。CDAの役割については、第3節で詳しく紹介

します。

（2）制度改革のブループリント作成とユースとの関わり方の変化

　これら集められた「経験」や「提言」は、「マイ・リアルライフ・ブック（My REAL Life Book）[5]」（私の真の生活実態）としてまとめられ、州政府に対し児童福祉制度の抜本的改革を迫ったのですが、これは後にアドボカシー事務所の支援を受けて報告書として発行されました。報告書には「弱い立場・孤立・捨てられた状態・助けてくれる人がいない・不安定な養護制度・養護から離れた後の生活苦」などの状態にいるユースの生活体験が本人の言葉で生々しく語られています。

　この報告書は州政府に提出され、州政府はただちにユースたちと児童福祉の現場で働く専門家を含めたワーキンググループを立ち上げて、政府に対して政策改革の具体的提案をするように指示しました。そうしてできあがったのが「オンタリオ州児童福祉制度抜本改革のブループリント（Blueprint: Recommendation for Fundamental Change）[6]」（以下、ブループリント）です。これがこのプロジェクトの最終報告書となり、州政府子ども青年サービス省（当時）大臣に手渡されました。このブループリントが提出されたことで政府を含め大人側のユースとの関わり方が変わり、政府や大人の側がユースの声を聴き、彼らから情報を得るときのやり方が変わりました。大切なことはただ単に政府による財政的な支援だけを増やせばよいのではなく、ユースとの関わり方自体を変える必要があることが報告書で指摘されたのです。その後、ブループリントで提言された児童福祉制度改革案の多くは、州政府により政策に反映され施行されました。

　国連子どもの権利条約第12条は、「子どもの意見表明権」を保障してお

5　https://cwrp.ca/sites/default/files/publications/YLC_REPORT_ENG.pdf（最終アクセス日：2022年11月17日）

6　https://www.ontario.ca/document/blueprint-fundamental-change-ontarios-child-welfare-system-final-report-youth-leaving-care-working（最終アクセス日：2022年11月30日）

り、第2項では「このため、児童は、特に、自
己に影響を及ぼすあらゆる司法上および行政上
の手続きにおいて、国内法の手続き規則に合致
する方法により直接にまたは代理人もしくは
適当な団体を通じて聴取される機会を与えられ
る」（政府訳）と定めています。ユースにとっ
て児童福祉制度は、まさに「自己に影響を及ぼ
す司法上および行政上の手続き」である深刻な
問題であって、ユースが意見を述べるのは当然
の権利であり、その聴取される機会を提供する
ためアドボカシー事務所は、ユースたちにプロ
ジェクトを遂行するための資金や場所、備品や
設備等の社会的資源を提供することで、子ども
の権利を擁護する任務を遂行したのです。

写真3 マイ・リアルライフ・
ブックの表紙

（3）アドボカシー事務所での当事者ユースの
プロジェクト

2007年から19年まで続いたオンタリオ州の
子どもユースアドボカシー事務所では、「オ
ンタリオ州子どもユースアドボキット法2007
年」[7]

写真4 ブループリントの表紙

第1条「先住民の子どもや特別支援の必要な子どもを含む、子ども[8]
とユースに独立した声を出す機会を提供し、彼らとパートナーとなって彼
らが抱える問題を提起し解決に向けて前進させる」という規定にしたが
い、既述のプロジェクト以外にも、事務所内でユースによる様々なプロ
ジェクトを展開しました。これらのプロジェクトを運営するユースたち

7　英語の原文：Office of the Provincial Advocate for Children and Youth: Provincial Advocate,
　　Irwin Elman.
8　英語の原文：Provincial Advocate for Children and Youth Act, 2007.

は、「アンプリファイアー」と呼ばれ、現在インケアにいる子どもを含め当事者の声を拡大増幅して政策決定者やコミュニティに伝える役割を担っていました。「アンプリファイアー」とは、ラジオやステレオなどで音を増幅する「増幅器」のことですが、ここではユースリーダーが現在インケアにいる子どもたちの声を拡大増幅したり詳述したりする役割を担う人たちのことを言います。[9]　彼らが運営していたプロジェクトには、既述のもの以外に以下のものがありました。[10]　これらのプロジェクトは、第3節で示したようにCDAのスタッフの支援を受けて展開されました。

①**フェザーズオブホープ**（Feathers of Hope）
　先住民の子どもとユースによるプロジェクト。これはカナダの植民地政策により、土地を奪われ、文化や言語、精神世界、そしてコミュニティまでも奪われた先住民の社会で生きる子どもたちで、インケアの経験をしたユースが、自分たちがおかれている厳しい状況を世に知らしめ、自らの将来への希望を見出そうと始めた活動です。このプロジェクトは現在も非営利団体として活動を継続しています。[11]

写真5　フェザーズオブホープのロゴ

②**ヘアストーリー**（Hair story）
　アフリカ系カナダ人の子どもとユースによるプロジェクト。インケアを経験したアフリカ系カナダ人の子どもたちが、インケアにいた

写真6　ヘアストーリー

9　*Amplifier Magazine*, Provincial Advocate for Children and Youth, Issue 1, 2015.
10　畑千鶴乃・大谷由紀子・菊池幸工『子どもの権利最前線　カナダ・オンタリオ州の挑戦——子どもの声を聴くコミュニティハブとアドボカシー事務所』かもがわ出版、2018年、pp. 144–172.
11　https://www.feathersofhope.ca/（最終アクセス日：2022年11月17日）

ときに受けた公平ではない扱いに対して声を上げ、その実態を知らしめると同時に差別をなくそうと始めた活動です。ヘアとは頭髪のことですが、アフリカ系カナダ人の多くは、髪の毛の特徴から理容や美容にかかる費用が高額になるにもかかわらず、それが考慮されないことを差別の象徴としてつけたプロジェクト名です。

③私たちには言いたいことがある（We have something to say）

障がいがある子どもやユースおよびそのきょうだいによるプロジェクト。様々な障がいがある子どもたちは、社会でなかなか声を上げる機会が与えられず「かわいそうな存在」や「助けてあげる存在」として扱われ、ひとりの平等な人間として扱われない実態があります。「私たちにだって意見や考えはあるのだ」ということを認めて、社会がきちんと彼らの意見を聴いて対応すべきという意味を込めています。また障がい者のきょうだいが参加する理由はきょうだいの中に障がい児がいると親はその子にばかり気を配って手をかけるあまり、それ以外のきょうだいがネグレクトされることがあり、彼らも影響を受けているからです。

写真7　私たちには言いたいことがある

④あなたはひとりぼっちじゃない（You are not alone）

LGBTQなど性的マイノリティの子どもやユースによるプロジェクト。社会一般に住む性的マイノリティの人たちは生きづらさを感じながら生活しているものの、彼らのコミュニティは存在します。しかしインケアにいる若者の多くは里親で暮らすなどして孤立し、なかなか自分たちのコミュニティを形成しにくい実態があります。でも「仲間はいるよ」

写真8　あなたはひとりぼっちじゃない

というメッセージを出して仲間同士がつながり、孤立しないように
声を出して必要な制度につなげる活動をしています。

(4) ユースが政府の政策実施の進捗を監視

　かつてユースには声を出す機会がほとんどありませんでした。しかしマ
イ・リアルライフ・ブックが世に出て公聴会が行われ、ブループリントが
出ました。それまで声を出す機会がなかったユースがその機会を得ること
ができたのです。2012年に提出されたブループリントはその後、子ども
青年サービス省（当時）の政策ガイドラインとなりましたが、あれから3
年後に政府に対して「いったい3年間で何をしたのか、どういう成果を出
したのか」とユースは政府に問いました。このやり取りで政府とユースは
お互いが少しずつ理解できるようになり、政府から出る答えをユースが検
証して評価していました。ユースが望んでいるのはインケアでの生活を導
いてくれる明快なロードマップです。政府はガイドラインを出すと言って
いましたが、インケアでの生活が予期しないことばかりの連続なのでユー
ス側は、政府の政策を分析・評価して、現場の子どもたちの具体的な問題
を解決するように政府に促していくのが、その後のユースの活動となりま
した。政府の施策の中に変化が出てきたことは事実で、さらに政府と対話
をしながら施策の確認もできるようになり、以前にはなかったユースと政
府との良い関係ができつつありました。そして2017年にはブループリン
トで示された提言に対して、さらなるインプットをする報告書を出しまし
た。その報告書では政府が実施を約束した施策が、児童福祉の現場でタイ
ムリーに、そして効果的に実施されるよう具体的な勧告が盛り込まれてい
ます。[12]

12　畑千鶴乃・大谷由紀子・菊池幸工『子どもの権利最前線　カナダ・オンタリオ州の挑戦
　　——子どもの声を聴くコミュニティハブとアドボカシー事務所』かもがわ出版、2018
　　年、pp. 163–170。

（5）保守党政権によるアドボカシー事務所の突然の閉鎖

　ところがせっかく政府とユースとの関係性が改善されてきたのに、2018年の州議会選挙でそれまで政権を担ってきた自由党は敗北し、代わって保守党政権が誕生しました。そしてこの新政権は、翌年の2019年にアドボキットやユースの意見を聴くこともなく、アドボカシー事務所の存在根拠となった法律を廃止し、突然アドボカシー事務所を閉鎖してしまいました。それと同時に事務所を拠点に展開してきたプロジェクトも活動の場を失って途絶えてしまったのです。そして子ども青年サービス省も解体されました。

　しかしアドボカシー事務所でアンプリファイアーとして様々なプロジェクトを実施してきたユースは、それまでに培ったセルフアドボカシー実践の経験と知識および能力を生かして、それ以後も独自に活動を継続したのです。一つは「私たちの主張、私たちの出番：自立する当事者のプロジェクト」で行ってきたインケアを出た後の生活改善に関わる政策提言活動、もう一つはフェザーズオブホープの活動です。

　ここからはアドボカシー事務所が閉鎖された後も継続している「インケアを出た後の生活改善」政策提言活動について紹介します。

2 ● アドボカシー事務所閉鎖後のユースによるアドボカシー活動

（1）Ontario Children's Advancement Coalition（OCAC）による制度改革の実践

　アドボカシー事務所でアンプリファイアーの一人としてユースのプロジェクトを推進してきたシャイアン・ラトナム（Cheyanne Ratnam）（以下、シャイアン）は、The Ontario Children's Advocacy Coalition（OCAC）を立ち上げ、事務所が閉鎖された後もユースによる社会的養護経験者のためのアドボカシー活動を継続しました。OCACはユースたちが安全に成長できる環境で生活し、人生や社会に変化を起こすことに積極的に参加できるようにすることに焦点を当てる目的で設立されました。この団体は社会的

養護を直接経験し実際の専門知識をもつFirst Voice Advocates（ファーストボイスアドボキット：当事者による決断と行動を促し、当事者の見方や実際の経験に価値をおく当事者の声のアドボキット。以下、ファーストボイス）の情熱的なグループによって組織され、その多くは児童福祉および社会サービス部門の学術的および専門的知識を備えています。そして以下の子どもやユースをアドボカシー活動の対象としました。

　①公共のサービスにアクセスしているか子ども福祉制度に関与する子どもおよびユース、②子どものメンタルヘルス、③触法青少年、④視聴覚障がい者のための州立学校に通う生徒、⑥先住民族の子ども、⑦様々な障がいがある人などです。

　実はこれら活動の対象になっている子どもやユースは、オンタリオ州アドボカシー事務所が対象としていた人たちと重なります。

　ファーストボイスとしてOCACは、これらの子どもやユースが暴力や虐待がなく安心して成長し発達できる環境で生活し、彼らの声を高め彼らに関する活動や意思決定および人生や社会に変化を起こすことに積極的に参加できるようにすることを主な目的としています。OCACは利害関係のある人たちや様々な団体、政府との協働とパートナーシップを通じて活動することを信念に、すべての子どもたちは幸せで豊かな大人になるためにサポートされるべきであると考えて活動していました。

　さて、シャイアンは後にOCACをOntario Children's Advancement Coalition[13]と名称を変更して、アドボカシー活動を継続しています。名称を改称したOCACはオンタリオ州を主な活動の場としながらも、全国連邦レベルでの非営利団体として登録されました。この団体は児童福祉、子どものメンタルヘルス、触法少年、障がい者のコミュニティ、その他互いに共有するアイデンティティと経験をもつ人々であるユースのファーストボイスによって運営され活動が行われています。

13　https://www.facebook.com/ChildCoalition/photos （最終アクセス日：2022年11月17日）

　なお、この団体のビジョンとミッションは以下の
通りです。

写真9　OCACのロゴ

　　ビジョン　オンタリオ州において弱い立場にあ
　　る子どもやユース、そして社会的養護などを過
　　去に経験した人たちを支援することで彼らが豊
　　かで幸せな大人になるために、実際に体験した
　　専門家であるユースの声（First Voice）を擁護
　　および支持し、これを中心に据える。
　　ミッション　政府や各種団体組織、コミュニティ、経験をした専門家
　　および協力者と共に子どもの権利を推進し、子どもとその家族を強化
　　し、そして実際の体験者であるオンタリオ州におけるユース組織の
　　ウェルビーイングを促進する。

(2)　倫理的システムリセット──年齢ベースから準備指標ベースへ

　今回の新型コロナウイルスの感染拡大は、様々な社会問題を待ったなし
で解決するよう迫りました。それら社会問題の中で子どもの貧困や虐待
と、その後の保護および養護、そして社会的養護を出た後のユースが抱え
る生きづらさの問題も、今回のコロナ過でより浮き彫りになりました。特
に切実な問題は社会的養護の子どもたちは、満18歳になると里親やグルー
プホームを出なければならないことです。幸いオンタリオ州政府はさすが
にこのコロナ禍で子どもを路頭に迷わすわけにはいかないと判断したの
か、当初2020年12月31日まではこの間に満18歳になってもインケアに
とどまることができると決めました。その段階では20年中にはコロナ感
染は終息しているだろうとの見通しからこの日程にしたようです。コロナ
禍でのこの決定は当然とも思われますが、ある意味画期的でもあります。
以下、この決定が今後もたらす可能性のある展開について考えてみます。
　オンタリオ州アドボカシー事務所所長がエルマン氏だった頃に展開し

た、様々なインケアユースのプロジェクトは、すでに紹介したように、政府をして法律や制度を変えるまでの力を発揮して、ユースのセルフアドボカシーと、そして大人とユースのパートナーシップが可能にする社会的変化を実現してみせました。意思決定の中心に子どもやユースをおき、大人が彼らとパートナーシップを組むとき大きな力を発揮することが証明されたのです。

　そしてアドボカシー事務所が閉鎖されて以降、当時アドボカシー事務所で精力的に様々なプロジェクトを推進したユースが、すでに紹介した非営利法人OCACを立ち上げ、政府にさらなる制度の抜本的改革を迫っています。その提案とは年齢をベースとした制度から、個々人の準備状況に合わせる制度に変えることです。現在の法律や制度では社会的養護にいる子どもたちは、満18歳になると制度から出されます。すなわち里親やグループホームから出されるのです。もちろん財政的支援を延長する制度も、ユースによるセルフアドボカシー活動で21歳から24歳までに延びましたが、基本的には里親やグループホームを出て自活を強いられるのです。つまり満18歳になると本人が自立する準備ができているか否かにかかわらず、自立を強要されます。その結果多くのユースが薬物やアルコール依存症になったり、犯罪に手を染めたり、ホームレスになりながら何とか生き延びるという過酷な生活が待っています。

　こんな状況は変えなければいけないと立ち上がったのが前述のユースです。人はみなそれぞれ異なった能力をもち、自分に合った生き方をする自由が与えられています。人生の時間軸も一人ひとり異なります。それを一切無視し、一律満18歳で区切るのはおかしいと考え、オンタリオ州政府に対して「年齢ベース」の制度から自立の準備ができていることを指標で判断する「準備指標ベース」に変えることを提案しました。すなわち社会的養護にいる子どもたちは、いわゆる「自立」の準備ができて初めて社会的養護を出るように制度を変えようというわけです。この提案にはカナダ

全国の多くの著名な子ども支援団体や個人から力強い支持を得ています。[14]

　この年齢ではなく準備ができているかどうかを指標で判断するという考え方は、これまでの社会の常識を根本から覆す考え方です。私たちは人間の成長や人生を年齢で区切ることが当たり前と考えており、法律もそれをベースにしています。学校はまさにそれですし、選挙権や成人としての年齢など、誰も疑問をもっていません。しかしながら人はすべて同じように成長するわけではありません。その人にあった人生設計が求められているなか、社会的養護の子どもたちにも同じような選択肢を用意する必要があります。

　では「準備指標ベース」でユース自身が考える「指標」には、どのようなものがあるのでしょうか。ここでは筆者も参加したユースのオンライン会議で提案された四つの指標を紹介します。

　第一に「つながり」があります。本人のアイデンティティを確立するための文化や言語、コミュニティなどとのつながりです。

　第二は「財政に関する知識」です。広く言えば経済ですが、金融の仕組みから予算の立て方など、自分がお金を管理する知識のことです。

　第三は「危機におちいったときにそこから復活する力：レジリエンシー」です。社会的養護の子どもたちは親による虐待に始まり、家を出されて社会的養護制度に入り管理された生活を強いられ、世間からは偏見の目で見られる、そして希望を失うというようにある意味「危機」の連続です。社会的養護を離れた後に直面すると予想される危機に対応し、そこから回復する力は重要でしょう。

　第四は「自分に自信をもつ」ことです。真実の自分を見つめ、それをさらけ出し、助けが必要なときは支援を求められる自信をもつことも重要です。

14　カナダ児童福祉連盟（Child Welfare League of Canada: CWLC）が発行した「インケアユースが成人に移行するための公平な基準（Equitable Standards for Transitions to Adulthood for Youth in Care）」に関する報告書も参考となる。

　実はこの「準備指標ベース」で制度を設計すると、政府の財政のみならず社会全般にも大きなメリットがあるといわれています[15]。すなわち十分な教育の機会も得られず、また虐待で経験したトラウマに対処するメンタルヘルスのサービスも十分に得られないまま満18歳で社会的養護から放り出すことで、不安定な雇用状況などから子どもたちが犯罪に手を染めたり、ホームレスや薬物で健康を害したりすることにより、結局、警察や裁判所、刑務所、シェルターといった社会的制度に多大なお金が必要になりますし、健康を害すれば当然治療や入院といった費用も必要となります。つまり満18歳で自立の準備もできていないのに自立を強要すれば、本人の潜在的能力を発揮する機会を失うばかりか、社会的コストも膨大になるのです。十分な教育を受けメンタルヘルスのサポートも充実して自立の準備ができていれば、安定した雇用と十分な収入を得ることで納税者になることもできたはずです。このように「準備指標ベース」の考え方は、本人にも社会にも大きなメリットがあります。

　OCACの代表であるシャイアンは、このプロジェクトを「倫理的システムリセット（Ethical System Reset）」と呼んでいますが、彼女はこれを提言した理由と目的を以下のように説明しています[16]。

> 　OCACはYouth in Care Canada（YICC）[17]と協力して、オンタリオ州において「準備指標ベース制度（Readiness Based System: RBS）を構築する取りくみを続けていますが、私たちはFirst Voice

---

15　Investing in the Future of Canadian Children in Care: The Conference Board of Canada 2014. https://untilthelastchild.com/wp-content/uploads/2017/02/5949-success-for-all-br-rev.pdf（最終アクセス日：2022年11月17日）

16　https://www.facebook.com/ChildCoalition/photos/2673660932948615（最終アクセス日：2022年11月17日）

17　Youth in Care Canadaは、政府の政策に関して助言し、児童福祉の専門家からの相談を受けつけ、教育内容や医薬品の使用制度、成人期への移行、家庭内暴力など、ケアを受ける若者にとって重要な問題についてアドボケイトしている。1990年12月4日に独立した非営利団体（The National Youth in Care Network）として正式に法人化された。

Advocates（FVA）および連携する人たちと協力して、全国レベルでも同じ枠組みを開発するためにアドボケイトすることが重要だと認識しています。

　カナダ全国では、州などによってはその政策や施行に関して一貫性がなく違いがあり、これは、カナダの子どもたちが常に倫理的に健全な高水準の経験とケアが提供されているとは限らないことを意味します。児童福祉制度そのものが、ホームレスや犯罪による収監、貧困など他の極悪な生活状態へ陥る最大の要因をつくり出しており、社会的および対人暴力（性的を含む人身売買、家庭内および親密な人間関係間の暴力、ジェンダーに基づく暴力など）を経験する可能性を高めています。

　児童福祉制度の中で育ち、上記で述べたことを多く経験した者として、また児童福祉制度やその他の関連する制度の専門家として、私はあまりにも長い間置き去りにされてきたこれらの問題を解決することに関し、これらの危機に対して有意義に対処することの緊急性を身をもって認識しています。ただ単に制度を改良するだけでは表面的な変更にとどまり十分ではありません。最悪の事態に陥る根本原因そのものに対処していくことが必要なのです。私が「倫理的システムリセット」という用語をつくった理由はそこにあります。

　倫理という考え方を中心に据えて活動するのは、文書で記載されている私たちの総合的な提案事項が理にかなっているからです。そしてカナダの子どもたちが安心して豊かな大人へと成長することを保障するために不可欠であることが容易に理解できるはずです。私たちが経験したことを他の人に経験してほしくはないのです。これらの経験は、生涯にわたる慢性的で複雑な悪影響をもたらす可能性が高いのです。カナダは国として、またそれぞれの州や地域の自治体はより良い対応をする必要があります。これはお願いではなく、後見人である州政府の下で養育を受けている子どもたちに対する義

> 務なのです。

（3）「準備指標ベース」による新制度作成のための協議実施を州政府と合意

　「準備指標ベース」に変えるべきという抜本的制度改革を州政府に迫る動きには、その後大きな進捗がありました。この運動は既述のように、「倫理的システムリセット提案（Ethical Systems Reset Proposal）」と題して、オンタリオ州政府の児童福祉担当省と交渉を続けているもので、当事者の団体OCACとYICCの2団体が、オンタリオ州政府に対してユースによるアドボカシー活動として継続してきました。代表のシャイアンによれば、2022年9月30日まで児童養護の年齢ベース制度は一時停止していますが、政府はその後も年齢ベースの制度にはもう戻らず、新しい制度を開発するための協議を行うために当事者団体とパートナーシップを組む合意をしました。このファーストボイスがリードして、政府の児童福祉担当省とパートナーシップを組み制度変更に関する協議をするのは初めての形式で、これも画期的なことです。

　ところで「倫理的システムリセット」とは、どのようなことを言っているのでしょうか。この団体が準備したプレゼン資料によれば、以下のように説明されています[18]。

> 　これまでの制度では政府が決めた特定の年齢になると、インケアにいる子どもは自立の準備ができているか否かにかかわらず、強制的にインケアから出されます。それにより厳しい生活が待っています。この制度の下では児童福祉のサービス提供者は、インケアにいる子どもが満18歳になって自立の準備ができているかどうかの責任は問われません。したがってこれまでの制度は一度もうまく機能

18　OCAC-YICC Partnership with MCCSS, Ethical System Reset Proposal from Arbitrary Age Indicators to a Readiness Based System, September 22, 2020.

したことがないのです。その結果、インケアを出た後にホームレスになったり、貧困に陥ったり、犯罪に手を染めて刑務所に入れられたりしています。これは倫理的に言えばあってはならないことで、このような状況を許してきたこれまでの制度に戻ってはならないのです。本来インケアの制度というのは、子どもがインケアに入ってきた段階で彼らの生活環境は良く、きちんと養育され、愛情をもって育てられることを約束しなければなりません。そして、制度はこの約束したことに責任をもたなければならないのです。つまり、この約束をきちんと守らないような制度は倫理に違反しているのです。

さて「準備指標ベース」の制度とは以下の条件を満たすものとしていますが、これに限定されるものでもありません。

- 子どもは自分が自立の準備ができているかを自身で判断する。
- 社会的養護機関は、子どもがインケアに入った早い段階から子どもとパートナーシップを組んで、インケアを出るまでに自立準備指標を達成するようにケア計画を立てる。
- 児童福祉制度は、子どもの人生に影響を与える仕事にしっかりと責任をもつようにする。
- 子どもがインケアにいる間も出た後も、より良い人生が送れるような福祉制度にする。

OCACとYICCは、2020年9月17日にオンタリオ州政府の担当省と2回目のミーティングをもち、政府と一緒に「準備指標ベース」制度開発を始めることに同意する段階まできました。そのためのパートナーシップ合意が政府と交わされ、OCACとYICCが政府をリードする形で倫理的制度リセットに向けて動き出しました。このプロセスには児童福祉の担当省の

みならず、教育省や少年司法に関わる機関など子どもやユースに関わる政府の関係省庁が含まれます。その同意書には、以下のことが約束されています。

①「準備指標ベース」の指標となる基準とそれの測り方を開発する。
②「準備指標ベース制度」そのものをつくり上げる。
③CAS（日本の児童相談所にあたる機関）および子どものウェルビーイングに関わる機関が、準備指標ベースの指標を達成するためのトレーニングやサポート計画および日常的支援プロセスを、子どもがインケアに入った早い段階で作成し構築する。
④準備指標ベース制度を、先住民の子ども養護機関を含む少なくとも2か所のCASで試験的に始める。
⑤その後、オンタリオ州内のすべてのCAS（州内に約50か所ある）で準備指標ベース制度を展開する。

（4）州政府はユースが自立するための新しい枠組みを構築すると発表[19]

　2021年5月、オンタリオ州政府は社会的養護経験者と共にユースが「自立」するための新しいフレームワークを構築することを発表しました。安定した住居や教育機会の確保など「自立」するために必要な諸条件を保障し、社会的養護を出た後の人生が成功するための新しい枠組みをつくることになります。「子ども・コミュニティ・ソーシャルサービス省」は、ファーストボイスのアドボキットであるOCACおよびYICCとパートナーシップを組み、Children's Aid Foundation of Canadaもメンターとして支援します。新しい枠組みでは社会的養護を出た後も人生を成功裏に生きていくための「準備指標」を制定し、それをベースに「自立するタイミン

19　Ontario Taking Steps to Better Prepare and Support Youth Leaving Care. https://news.ontario.ca/en/release/1000055/ontario-taking-steps-to-better-prepare-and-support-youth-leaving-care#（最終アクセス日：2022年11月17日）

グ」を決めていくものです。この作業はすでに始まっており具体的な「準備指標」が発表されることが期待されます。

3 ● 日本への提案

　日本の厚生労働省（以下、厚労省）も18歳でインケアを出た後のユースの生活実態をアンケート調査したということですが、アンケート調査よりもインケア経験者の話を直接聞く機会、すなわち「公聴会」を実施するべきであると考えます。ユースとパートナーシップを組んでワーキンググループを厚労省内部に設置し、ユースに全国から自由に意見や思いを寄せてもらい、それをユースがまとめて発表の準備をし、ユースが政府や担当の官僚、児童福祉の関係者、子どもアドボキット、そして関心のある一般の市民等に直接伝える場を設けるほうがインパクトが大きいと思います。日本にも筆者が把握しているだけでも「子どもの声から始めよう（東京）」「Our Voice Our Turn Japan（東京）」「Three Flags 希望の狼煙（東京）」「日向ぼっこ（東京）」「CVV（大阪）」「H & H（鳥取）」など、これまでユースが声を出したり、声を出す機会を提供したりするイベントを開催してきた団体や個人がすでに存在するので、パートナーとなれる専門知識をもったユースはたくさんいます。意見や経験など作文やエッセー、詩、歌、ダンス、絵、動画・録音など、媒体を限定しない自由な形式でユースに集めてもらう方法をお勧めします。ユースの話には霊（ことだま）がこもっており、直接聞くことで彼らの生活実態の深刻さが伝わり魂が揺り動かされます。21世紀の新しいやり方、それは子どもやユースと大人が対等なパートナーとなり、子どもが主導する形で行うのが子どもの権利を守ることであり、子どもアドボカシーの実践の仕方であるとカナダから日本へ提案します。

第2節　子どもやユースとの関わり方

> 　子どもたちは明日に生きる人々ではなく、今この時間を生きている
> 人々です。彼らは真剣に受け止められる権利があります。彼らには、
> 平等な人間として優しさと敬意をもって大人に扱われる権利がありま
> す。彼らは、自分が将来なりたいと思う人間に成長することが許され
> るべきです。子ども一人ひとりの中にある潜在的な可能性は未来への
> 希望です。(ヤヌシュ・コルチャック)

　この節では元オンタリオ州子どもアドボキットであったアーウィン・エ
ルマン氏執筆による、「私たち大人が子どもたちとどう関わるべきか」を
紹介します。なお原文は英語で、菊池が日本語に翻訳、解説を行いまし
た。

1 ● 二人の少女の物語

　かつて小さな女の子がいました。少女はカナダのトロントの中心街にあ
るパークデールと呼ばれる低所得者向けの住宅が立ち並ぶ地域に住んでい
ました。彼女の名前はケイトリン・サムソン、年齢は8歳でした。ケイト
リンは母親と共に、世話をしてくれる母親の友人2人と一緒に暮らしてい
ました。ケイトリンの母親は薬物依存症でしたが、何とかしてこの状況を
変える必要があると思っていたので、薬物依存症の治療を受けることにし
ました。

　母親は、ケイトリンの世話をしてくれる約束をした彼女の友人に「後見
人」を委譲するために家庭裁判所に申請をしました。裁判官はこれを承認
しましたが、本来この取り決めを行うためには法的に「後見人」を委譲す
る必要はありませんでした。しかしケイトリンの世話役を引き受ける友達
の夫婦が、後に社会的支援を受けるためには法的な責任をもつことが承認
されなければなりませんでした。

　ところがその後トロントのCASは、ケイトリンが登校していないと学校から通報を受けました。通報があってから間もなく、ケイトリンの保護者へ電話連絡が行われ訪問も行われました。しかしそのとき訪問したソーシャルワーカーは、ケイトリンがキャンプに行っていて街から離れていると言われました。その後もソーシャルワーカーが訪問しても「ケイトリンは学校にいっている」とか「まだ寝ている」と言われました。

　ある日、ケイトリンの保護者からトロント救急医療サービスに電話がありました。保護者は電話で、ケイトリンが呼吸をしておらず彼女は病気だと言うので、警察やその他の救急サービス隊員が、ケイトリンの住む小さなアパートに急いで駆けつけました。しかし駆けつけたときにはケイトリンはすでに死亡していました。彼女は自分が排泄した汚物で覆われており、彼女がいた殺風景な部屋の壁も排泄物で汚れていました。ケイトリンは腎臓に打撲傷を負い、頭部への殴打によって脳は腫れ上がっていました。さらに彼女は餓えてやせ衰えていました。

　遺体となったケイトリンの横には彼女による手書きのメモが残っており、そこには63回も繰り返し同じ文章が書かれているのが見つかりました。メモにはこう書かれていました。「私は悪い女の子です。だから誰も私を望んでいません……[20]」。

　一方、遠く離れた地球の反対側には別の小さな女の子が住んでいました。彼女の名前は心愛、日本の野田という街に住んでいました。心愛は父親が母親に暴力を振るう家庭で育ち、彼女が父親と過ごした時間は虐待を受ける時間でしかありませんでした。心愛が10歳のとき、彼女は勇気を出して先生に助けを求めるメモを書き、それを教科書に挟んで渡しました。

20　*Toronto Star*, Katelynn Sampson tragedy shows we forget children are people: Porter, April 30, 2016. https://www.google.ca/amp/s/www.thestar.com/amp/news/gta/2016/04/30/katelynn-sampson-tragedy-shows-we-forget-children-are-people-porter.html（最終アクセス日：2022年11月17日）

　心愛は、自分が父親の不適切な対応のために苦しんでいると書いた書類のコピーを、まさか教育委員会が父親に渡すとは思ってもいませんでした。心愛の父親は虐待の事実を否定したため彼女は父親のもとに戻され、その後間もなく自宅の風呂場で死んでいるのが発見されました。彼女は栄養失調と睡眠不足のために亡くなっていたのです。彼女は拷問の一形態である氷のように冷たいシャワーを浴びせられ続けて睡眠をとることが許されませんでした[21]。

　カナダとそして遠く離れた日本で、この二人の少女の死はそれぞれの国で世間の注目を集めました。それは、どちらの国でも多くのメディアが「どうしてこんなことが起きたのだ？」と問題視する疑問を投げかけたことによるものでした。

　これに対する答えは、私たちが毎朝目を覚ましたときに見る鏡に映る自分の中にあります。答えは私たちすべての市民の心の中にあります。

2 ● 子どもは権利をもったひとりの人間

　ヤヌシュ・コルチャックは1920年代から40年代にかけて、ポーランドのワルシャワに住むユダヤ人で小児科医をしていました。彼はヨーロッパのみならず、世界中で「子どもの権利の父」として知られています。コルチャックはワルシャワに開設して運営した孤児院の子どもたちに自分の人生を捧げました。彼は孤児院で子どもの声を真剣に受け止めるという考え方を貫きました。子どもたちは孤児院の運営におけるあらゆる面に参加したのです。そして子どもたちは、自分たちの生活に関わる決定を下す過程に実質的に参加するように支援されました。次のコルチャックの言葉は彼の哲学の根底にあるものを最もよく表しています。

21　*The Japan Times*, Chiba man denies fatal abuse of daughter but expresses 'deep remorse', February 21, 2020. https://www.japantimes.co.jp/news/2020/02/21/national/crime-legal/chiba-child-abuse/（最終アクセス日：2022年11月17日）

> 　子どもたちは明日に生きる人々ではなく、今この時間を生きている人々です。彼らは真剣に受け止められる権利があります。彼らには平等な人間として優しさと敬意をもって大人に扱われる権利があります。彼らは自分が将来なりたいと思う人間に成長することが許されるべきです。子ども一人ひとりの中にある潜在的な可能性は未来への希望です。

　どういうわけかカナダでも日本でも、私たちは子どもたちを「人間」として完全に理解することができないようです。人々は子どもたちを私たちとは違う「生き物」と捉え、子どもたちは「別の生き物」として見られています。私たちは子どもを所有物として扱い「付属している」という用語を用いて、子どもを親の「所有物」と表現しています。偉大なブラジルの教育者であるパウロ・フレイレが『被抑圧者の教育学』で述べているように、私たちは子どもを「主体」ではなく「物体」に変えてしまいました。子どもたちは「主体的な人間」ではなく「客体としての受け身の人間」と見なされているのです。

　私たちにケイトリンと心愛の声が聞こえなかったのは当然だと言えます。考えてみてください。例えば椅子に座ってもかまわないのなら、誰がわざわざ椅子に「座ってもいいですか」と尋ねますか。誰も椅子に尋ねることがないように、誰が子どもの声や意見が本当に重要だとかためになると考えるでしょうか。

3 ● 多くの子どもは危険にさらされている

　このような環境の下では子どもたちは危険にさらされています。そうです、彼らは死の危険にさらされていますが、ここで私が言いたいことは命を救えということではありません。もちろん命を救う必要はあります。しかし世界中の自由民主主義国家で非常に多くの子どもたちが死んでいるという事実は、悲劇的で私たちの心を苦しめるものですが、それは氷山の一

角にすぎないのです。水面上の氷山は私たちが見て注意を払うことができますが、氷山の90％は水面下に隠れて見えないのです。その大多数の見えない子どもたちが危険にさらされているのです。

　心愛とケイトリンは「炭鉱のカナリア」に例えることができます。北アメリカの炭鉱では、石炭を掘る炭鉱労働者は採掘抗に入る前に、まず先に鳥のカナリアが採掘抗に送り込まれました。カナリアが採掘抗から無事に戻って来れば、その採掘抗は安全であると見なされたのです。採掘抗からカナリアが戻ってきたということは、採掘抗には炭鉱労働者が吸うと死ぬかもしれない有毒ガスはないことを伝えてくれているのです。心愛とケイトリンに起きた悲劇は、私たちの住んでいるこの世界が子どもたちにとっては安全な世界ではないという兆候なのですが、しかしこれは児童保護制度に関わった子どもたちだけのことではありません。今を生きている多くの子どもたちはもがいていて、時には、児童保護制度で保護されている子どもたちでさえ、もがきながら生きているのだというメッセージを私たちに伝えているのです。彼らには「声」もなければ、彼らをひとりの人間として代弁する機関もありません。

4 ● 児童保護制度に関わるとはどんな経験なのか

　ここで、カナダや日本で子どもや若者が児童保護制度に関わることがどのようなものなのか、ちょっと想像してみましょう。

　ひとりの女の子を想像しましょう。その女の子は、自分自身では身の回りの状況を変える力がないまま、恐怖を抱きながら不安定な環境の中で育ちました。そういうなかで凶暴な振る舞いや恐喝、身体的暴力、そして慢性的な育児放棄などが日常生活であった状況を想定します。彼女は自分の生き方を自分では決められない無力感を抱いていたでしょう。それにもかかわらず、彼女はどうにかして生き残り、必要なものを手に入れる手段を見つけていました。

　ある日、彼女が8歳を過ぎて12歳になる前に誰かが彼女のために乗り

込んできます。いや、あるいは彼女が誰かに助けを求めたのかもしれません。彼女が信頼して頼ることにした人とは別の誰かが介入してきます。彼女は、学校かどこかでCASの職員から突然の訪問を受けます。この職員は彼女が答えるのが怖くなるような内容の質問をし、身体的虐待の可能性のある兆候を示すあざや傷跡がないか調べるために、彼女に袖をまくり上げたりももを露出したりすることを要求します。その結果、状況がその子にとって有害、危険であると判断された場合、彼女は自分が大事にしてきた身の回りのすべてを手放すことを余儀なくされます。彼女は保護され、彼女自身はもちろん、誰も手が出せないような規則や規制で管理される制度に組み込まれてしまいます。

　彼女はある施設で一晩か二晩過ごした後、別の施設に移動させられるかもしれません。彼女は両親に返されるかもしれないし、あるいはどこか他の場所に送られるかもしれません。彼女が知ることになるすべてのことは法廷で決定されます。カナダでは彼女の代理人として弁護士が指名される場合もありますが、その人は彼女の知らない人であり、弁護士も彼女のことを知りません。彼女は「悪い人が弁護士を必要とし、法廷で彼らについての物事を決めている。だから私は悪い人に違いない」と思ってしまいます。これらのすべては、彼女の力ではどうすることもできないところで起こります。

　彼女は別の施設に入所させられるかもしれません。そこは見知らぬ人でいっぱいの施設で、新しいルール、初めて会う人々、新しい学校、すべてが新しく、そしてすべてが彼女のコントロールのおよばないところにあります。あなたはそれが想像できますか。彼女がもし家に帰ったら、彼女を助けるはずだった人たちが、実は彼女と彼女の家族を捨てたのだと感じるでしょう。彼女が求めた助けはどうなったのでしょうか。もし誰かが彼女に尋ねたら、彼女は自分ではなく彼女の家族が助けを必要としていたのだと言ったでしょう。あなたはこのことを想像することができますか。

　若者はこの経験によって「自分の人生から自分が除外された気持ち」を

ずっと心に残し、そして「この経験はひどい後遺症を残して自分は弱っていく」と述べています。カナダでも日本でも児童保護制度に関わった経験がある若者は、メンタルヘルスやホームレスの問題、犯罪などをはじめ多くの問題に直面する率が高い傾向にあります。

5 ● 私たちはどうすればいいのか

　ケイトリン・サムソンの死因を検証する審問であるインクエストが開かれました。この死因を検証するインクエストは、カナダでは担当の地域の、この場合はオンタリオ州ですが、検死官が主導する準法的手続きです。インクエストでは、亡くなった人の死から教訓を学ぶことに関心のあるすべての組織または個人が、検死官に当事者として参加を求めることができます。検死官が参加を認めた場合、組織または個人は弁護士を通じて証拠を提示することや証人に質問して真実を知ることができ、その後、インクエストの陪審員に対して改善の提言をすることもできます。

　オンタリオ州子どもアドボカシー事務所は、ケイトリンの死因を検証するインクエストに参加することを要求し出席が認められました。アドボカシー事務所は、ケイトリンのような子どもの声がインクエストで聴かれることを保障する責務があると考えていました。児童養護制度に現在関わっているか、かつて関わっていたユースのグループが毎日集まってインクエストで述べられたことを吟味し、独自の質問と提言事項をまとめました。[22]

　児童養護制度に現在関わっているか、かつて関わっていたユースは、子どもアドボキットの支援を受けて、オンタリオ州子ども青年家庭サービス法に、「ケイトリンの原則」を盛り込むための活動を主導しました。この原則は、オンタリオ州子ども青年家庭サービス法に基づいて提供されるすべてのサービスが「子ども中心」であることを法的に要求しています。す

22　畑千鶴乃・大谷由紀子・菊池幸工『子どもの権利最前線　カナダ・オンタリオ州の挑戦
　　――子どもの声を聴くコミュニティハブとアドボカシー事務所』かもがわ出版、2018
　　年、pp. 138–143。

なわちこの法律によって子どもたちに提供されるサービスに関するすべての決定過程に、当事者の子どもたちが有意義な参加をすることを法的に要求しているのです。2015年、ケイトリンのインクエストで陪審員はこの原則を勧告の最優先事項に挙げました。そして2018年には、この原則がオンタリオ州で法律として制定されたのです。

6 ● ケイトリンの原則とは

- 子どもは児童福祉や司法、教育制度のサービスを受ける場合は、常にその中心にいなければならない。
- 子どもは権利をもつひとりの人間として、
  - ・常にその存在が配慮され、気を配られる必要がある。
  - ・その声は聴かれなければならない。
  - ・その声に耳を傾け、そしてその声は尊重されなければならない。
- 両親と子どもがそれぞれ異なった文化的背景をもつなど、家族の中に複数の文化が同居する場合は、特に、子どもの文化的遺産を考慮しそれを尊重する必要がある。[23]
- 自分の意見をもつことができる子どもが、自分自身に影響を与える問題について自由かつ安全に意見を表明できるようにするための措置を講じる必要がある。
- 子どもの年齢や成熟度に応じて、子どもの考え方に十分な重みを与える必要がある。
- 子どもは、サービスに関連するすべての意思決定の最前線に立つ必要がある。
- 年齢や成熟度に応じて、子どもは本人に影響を与えるいかなる決定

23　訳者注：カナダは世界中のあらゆる国や地域からの移民で成り立っており、異なった文化や言語、宗教、習慣などが混在している多文化主義を国是とする国である。したがって、夫婦間の文化背景が違うことや、里子や養子に迎えた子どもの文化背景と親の文化背景が異なることはよくあることである。

　も、直接または支援者や代弁者を通じて意思決定過程に参加する機会が与えられる必要がある。

- 年齢や成熟度に応じて子どもたちに関する決定が、どのようにまたなぜ行われたか、あるいは行われる予定であるかについて、それぞれの子どもと率直に敬意をもって対話する必要がある。

- 子どもにサービスを提供したり、子どもに影響を与えるサービスを提供したりする人はすべて子どものアドボキットである。アドボカシーは潜在的に子どものライフライン（命綱）になる可能性がある。それは最初に子どもに関わった時点から始まり、その後も継続的に行われなければならない。

　「ケイトリンの原則」はオンタリオ州では重要と考えられていますが、ではそれがオンタリオ州の子どもたちの生活を変えたのかと問われれば、残念ながらまだ変えてはいません。この原則は約束したことを伝える紙の上では聞き心地良い言葉ですが、文化が変わらず、したがってその文化を基礎にしているシステムが変わっていないため、言葉が伝える素晴らしい意向については、まだ子どもたちの日常生活にまで浸透していないのです。[24]

7 ● 子どもが声を出せる安全な場を確保

　オンタリオ州のユースが行ったこのような活動は、効果的な子どもアドボカシーの例と確かに言えます。それは、日本の大阪でCVV（Children's Views and Voices）を立ち上げたユースたちの活動や、多くの研究者やサービス提供者、そして大人の支援者の努力にも同じことが言えます。子どもが自分の声を出すことができる安全で勇気がもてる場をつくり出し、それを支援することが重要です。そしてこれら子どもたちにとって安全な場の存在を保障するために、法的な子どもアドボカシー事務所のような機関を

24　訳者注：このことは、法律だけ制定しても必ずしもシステミックな変化が起きるとは限らないことを示しており、システミックアドボカシーの必要性を強く示唆している。

もつことも重要です。この節で私が主張しているように、それは子どもの権利に沿っているだけでなく、子どもが人間として発達し成長するためには決定的に重要なことなのです。

　ただし、ここでもうひとつ付け加えなければならないことがあります。私は以前日本で行われた、多くのユースが学校や児童養護施設での生活経験を公に話し、それをソーシャルワーカーが聴くという集会に出席しました。ユースたちは堂々と臆せず自分たちの真実の経験をみんなの前で話しました。彼らは日本のユースがいつもそうであるように、聴く人たちに対して敬意をもって話していましたが、彼らが語った内容は聞くに堪えないことが多くあり、とても悲しい気持ちになりました。つまりユースたちは傷ついていることが伝わってきたのです。このイベント終了後ユースの話を聞いていたあるソーシャルワーカーがユースのところへ歩み寄り、感謝の気持ちを伝えました。そしてそのソーシャルワーカーは「ユースから直接話を聞くのはとても新鮮だった」と語ったのです。集会でみんなの前で話したユースはその後しばらくしてから、そのソーシャルワーカーのコメントについて話していました。ソーシャルワーカーは100人以上の担当の子どもを抱えていて、いつでも機会をつくって子どもから話を聞くことができるはずなのに、なぜそのソーシャルワーカーはユースから直接話を聞くのがとても新鮮だと思うのか疑問だと語っていたのです。

8 ● 常に子どもの側に──あなたは私を見ていた

　カナダでは、ソーシャルワーカーや里親、グループホームの職員などの仕事を手助けするために、子どもが病院や面会などの予約があれば、児童養護の専門職員を通じて、その子どもを車で連れて行ってくれるボランティアを予約できる制度があります。その人たちは、「ボランティア運転手」と呼ばれています。

　ある日、カナダで妹と一緒に児童養護機関に保護された女の子がいました。彼女の母親は薬物依存症に苦しんでいて、子どもたちを親として世話

することができませんでした。彼女の妹は、かなり年下でしたが養子に出され、彼女は里親と暮らしていました。彼女は妹と離れることになる前に、妹や母親に別れを告げるためにCASの事務所で最後の面会をしました。彼女は面会が終わると学校に戻らなければならないと言われました。そのときボランティア運転手が彼女を学校に連れていくために待っていたのです。ところがその1、2か月後、彼女はそのボランティア運転手が亡くなったことを知らされました。詩人だった彼女は、ボランティア運転手の死を知った夜、次の詩を書きました。

私の最もつらい日に
私の最もつらい日に
私を見ていて気を配ってくれたのはあなただけだった

私の最もつらい日に……
　彼らは私を学校に送り返した
　彼らは何事もなかったかのように私を学校に送り返した
　私の担当のソーシャルワーカーのメモには
　私の世話をしてくれた人のことは触れられていない
　私の新しい生活の中でその人の存在が認められていない
　ひとりぼっちで母もいなく自身の悲しみに包まれていたとき
　地理の授業に出なくてラッキーだったね、といわれた
　誰が地理の授業など気にするものか
　私の足元に地面さえないときに

　……終わりの儀式
　誰も私のために終わりの儀式を開いてくれる人はいないだろう
　誰も私が悲しんだり、叫んだり、泣いたり、あるいはただ
　終止符を打つことさえもさせてはくれないだろう

すべてが止まり、すべてがそのまま継続している
……しかし、あなたはそうではなかった

あなたは私と一緒にここに座っていた
この誰もいない車の中で、
この空っぽな生活の中で、
彼女と私が一緒にいた場所

それは、あなたではないはずだった
でも、私を終わりの儀式に車で連れて行ってあげようと思う人は他に誰
もおらず

喪服を着た人はあなただけ
立ち止まってくれたのはあなただけ
「こんなのフェアじゃない。
あなたが私を必要とする限り、私はあなたのためにここにいます」
と言ってくれたのはあなただけ

あなたは私の詩を聴いてくれた
誰も私のことが見えていないのに、あなたは私のためにいつも戻ってき
てくれた
あなたは、私のことを見ていてくれた

死が私からあなたを連れ去った
この世界から
人は、私があなたを悼むべきではないと言った
あなたが、私にとってそんなに重要な人ではなかったと言った
でも、私の最もつらい日に

　私にとって重要であるはずだった人は、誰も私のために一緒にいなかった

　これは、私があなたのために言いたくても言う機会がなかったこと
　だから、私はそれを自分で言います
　あなたも、それを聴いてくれることを願っています

　ありがとう
　私の最もつらい日にあなたがくれた贈り物が
　その後の毎日を私が生きていく支えになった
　確信をもっては言えないけれど
　私はあなたがいなくてもここで生きていけるだろう
　誰も私のことが見えていないときにあなたは私を見ていた

　　　　　　　ウェンディ・ヘイズ（「The Heart That Silence Built」より）

　「誰も私のことが見えていないときに私を見ていてくれたあなた」は、重要な行動への訴えであり強烈な行動への叫びです。熱心な子どもアドボカシー活動というものは、実は、最も単純でしかも深淵なる振る舞いの中にあることを読者に思い起こさせずにはおかないでしょう。それは「共感すること」の中に見出すことができます。「優しさ」の中に見出すことができます。それは「敬意を払う」ことの中に見出すことができます。そ

写真10　アーウィン・エルマン

れは「見ることと聴くこと」の中に見出すことができます。これらは子どもの生活に関わる一人ひとりすべての人がとるべき行動です。教師は子どものアドボキットであるべきであり、親は子どものアドボキットであるべきであり、政治家、官僚、雇用主、警察……すべての人が子どものアドボキットであるべきです。この詩は日本とカナダのすべての人々に対して行動することを訴えるものです。

　心愛とケイトリン、そして人から顧みられることなく消えていったすべて
の子どもたちのためにも、私たちは亡くなったあなたたちの声を聴きます。

第3節　システミックアドボカシーの実践原理

　　アドボカシー事務所がシステミックアドボカシーを実施する場合、
　社会的養護を直接体験し、問題に関する知識をもち合わせ理解できて
　いる当事者であるユースを集めて、彼らの意見や提言などをもとに政
　策や予算、サービス内容などを変える活動をしている。（オンタリオ
　州アドボカシー事務所）

1 ● システミックアドボカシーとは何か

　一つひとつ個別のケースに対応するアドボカシーは「個別の権利アドボ
カシー」と呼ばれ、これら個別のケースにそれぞれ対応して解決するため
にアドボケイトします。しかしある特定の施設や組織、地域などから同じ
ような苦情が繰り返し訴えられたり、複数の人から同じような苦情が寄せ
られたりするような、あるパターンや傾向が見られる場合は個別の権利ア
ドボカシーではなく、「システミックアドボカシー」により、苦情が出る
根本原因、すなわち施設や組織内で繰り返し問題を起こしている根本原因
である構造そのものに働きかけるアドボカシー活動を行います。例えば、
施設や組織のルールや規約、諸制度などの改善を促すアドボカシー活動な
どです。行政レベルの場合、法律や制度、省庁のサービス対応などの改善
を働きかけるアドボカシー活動です。しかしここまでだとシステムアドボ
カシー[25]のレベルで終わりますが、システミックアドボカシーとは、単に

25　「システムアドボカシー」は、法律、政策、制度の実践などへの影響と変化に焦点を当
　　てるアドボカシー活動で、具体的には、新しい法律の制定や現行法の改正、政府や非
　　政府機関の施策の優先事項と実行計画、行政サービスまたは制度に関連するポリシーと
　　手順、政府機関および非政府機関が提供するサービスの仕方などを対象とするアドボカ
　　シー活動を言う。

法律や制度、規則などに目を向けるだけでなく、文化や宗教、価値観、伝統、慣習などに基づく差別意識や偏見、社会や組織に潜む意識や文化までも対象とする活動として理解する必要があります。つまり「社会通念」として通用しているために気づかないでいる「偏見」や「無意識の差別意識」などにも目を向けるアドボカシー活動なのです。したがって広く地域の市民に対する教育や啓発活動などが重要になり、コミュニティに深く入り込んでコミュニケーションを取りながら理解を広めていく活動やメディアを使った広報活動などがとても大切になります。

（1）システミックの意味を理解する

　ケンブリッジ英英辞典によれば[26]「システミックな問題」という文脈で「システミック」を定義すると、「組織や国の一部ではなく、組織または国全体が影響を受ける基本的な問題」としています。オックスフォード英英辞書では「全体に影響を与えるもしくはつながっている」としています。日本語の辞書では「組織的、体系的、系統的」と意味を説明しています。

　システミックという言葉は「システム」の形容詞ですが、システムの語源はギリシャ語で「複数の部分の複合体」という意味です。すなわち「物や部分を組み合わせた複雑で統一化された全体」という意味になります。実際に使う場合には「系統立てた、通常のまたは特別な手段または計画された手順」を表すときに使います。したがって日本語では「制度や組織、体系、系統」の意味で使われています。

　一方形容詞である「システミック」という言葉は、特に病気や社会問題など全体系を構成するすべての部分に影響を与えるような現象を説明するときに使います。つまり「全体に影響を与える」のがシステミックです。同義語としてよく使われるのに、「構造的、包括的、固有の、広汎な、浸

26　A systemic problem or change is a basic one, experienced by the whole of an organization or a country and not just particular parts of it.

27　Affecting or connected with the whole of *something*, especially the human body.

透している、広範囲な、組み込まれた」などが考えられます。つまり「意識的もしくは意図的ではないが、全体に影響を与えるように浸透している、または組み込まれている根本的な体系」とでも理解するとよいでしょう。これに対し同じシステムに関係する形容詞で、「システィマティック（systematic）」という言葉があります。これも「体系的な」という意味はありますが、「計画的な」とか「意図的な」という意味があり、意識的にあるいは意図的に組まれたものを指します。

　さて社会全体に影響を与えるシステミックな問題の例としては、人種差別や女性差別などの差別意識や偏見があります。特徴的なのは、差別する側は差別をしていることに気づかないのですが、差別される側から見ればあきらかに差別であると認識できることです。これはその国や社会の中で文化や社会通念、慣習などになっている場合が多く、広く社会で差別としての認識が共有されないためです。このような問題は法律や制度ではむしろ公平性や平等を謳っているにもかかわらず、現実には社会で起きている現象です。

　カナダの例を挙げると先住民の子どもがインケア（社会的養護）にいる割合の高さに現れています。2011年のカナダ全国所帯調査[28]によれば、インケアで保護されている先住民の子どもの数の割合が、子どもの総人口の割合に比べて圧倒的に高くなっています。カナダ全国では、先住民の子どもがカナダの子どもの総人口に占める割合がわずか7％であるのに対し、インケアで保護されている子どものうち、先住民の子どもは48.1％にも上ります。これの根本的な原因は先住民に対する人種差別だと考えられていますが、一般の多くの人はこのことを理解しておらず、先住民の家族の貧困や薬物依存、アルコール依存が問題だと考えている人が多いようです。しかし先住民がこのような状況に追い込まれたのは、カナダ政府の植民地主義による政策が原因であることが指摘されています。特にかつてカナダ

28　Statistics Canada National Household Survey 2011. https://www150.statcan.gc.ca/n1/pub/75-006-x/2016001/article/14547-eng.htm（最終アクセス日：2022年11月17日）

政府とキリスト教団体が、先住民の子どもを家庭から引き離して寄宿制学校へ強制的に入れ、ヨーロッパの文化やキリスト教教育を強要した寄宿制学校で経験したトラウマが大きく影響しており、これが世代間トラウマとして現代も弊害をもたらしていることが明らかになりました。[29]さらに先住民学のガブリエル・リンドストロム（Gabrielle Lindstrom）博士によれば、先住民に対していまだに続く世代間差別とこの問題への無関心が解決を引き延ばしていると言います。

表1　先住民および非先住民の州ごとの子どもの人口比率とインケアにいる子どもの比率（2011年）（%）

州	子ども人口の総数の割合		インケアにいる子どもの割合	
	先住民	非先住民	先住民	非先住民
カナダ全国	7.0	93.0	48.1	51.9
ニューファンドランド・ラブラドール	10.7	89.3	28.0	72.0
プリンスエドワード島	2.7	97.3	0.0	100.0
ノーバスコシア	5.9	94.1	23.9	76.1
ニューブランズウィック	5.0	95.0	28.8	71.2
ケベック	2.7	97.3	15.4	84.6
オンタリオ	3.4	96.6	25.5	74.5
マニトバ	27.6	72.4	84.6	15.4
サスカチェワン	27.4	72.6	87.0	13.0
アルバータ	9.8	90.2	73.4	26.6
ブリティッシュコロンビア	9.0	91.0	56.0	44.0
ユーコン	33.0	67.0	100.0	0.0
北西部	66.8	33.2	93.8	6.3
ヌナブット	95.5	4.5	100.0	0.0

資料：カナダ統計局、全国所帯調査2011年

(2) システミックアドボカシーの必要性

　ここで子どもへの虐待が起こるシステミックな原因について考えます。その根本原因はずばり、大人の側による子どもへの偏見であると、エリザ

29　真実と和解委員会報告書概要版Truth and Reconciliation Commission Report Summary（standcanada.org）

ベス・ヤング＝ブルーエル（Elisabeth Young-Bruehl、故人）という精神分析学者は述べています[30]。彼女は自身の著書の中で「子どもに対する偏見は、子どもへの虐待を起こす単独のまたは直接の原因ではないが、それは必須条件で、子どもへの偏見がなければ虐待はあり得ないことである」と述べています[31]。

　大人による子どもたちに対する偏見が広く社会で共有され固定化されていることにより、子どもたちへの不適切な対応や虐待が、なかなか社会の人たちから間違ったこととして、または是正されるべきものとして認識されないのが現実です。すなわちこれらの偏見は社会の中に広く浸透しているシステミックな問題として存在していると考えられるのです。このように、子どもへの偏見が原因で子どもへの虐待を正当化する行動をElisabeth Young -Bruehlは「チャイルディズム（Childism）」という名称を与え、次のように定義しています[32]。

　　　子どもは大人の所有物であり、大人のニーズを満たすために管理され、支配され、または排除できる（またはすべき）という信念に基づく子どもに対する偏見である。

　横浜カメリアホスピタル院長の宮田雄吾氏はブログで「特殊な親だけが虐待をするわけじゃない」[33]と述べていますが、これはまさに虐待をして

30　Elisabeth Young-Bruehl, *Childism: Confronting Prejudice Against Children*, Yale University Press, New Haven London, 2012, p. 4, p. 6, p. 136,

31　英語の原文："Prejudice against children is not the solo or the immediate cause of child maltreatment, but it is the conditio sine qua non ("without which it could not be,")", p. 6.

32　英語の原文："a prejudice against children on the ground of a belief that they are property and can (or even should) be controlled, enslaved, or removed to serve adult needs." *Childism: Confronting Prejudice Against Children*, Yale University Press, New Haven London, 2012 (p. 37).

33　宮田雄吾「オピニオン　なぜ子どもを虐待してしまうのか」*imidas*, 2011.2.4. https://imidas.jp/jijikaitai/f-40-081-11-02-g399（最終アクセス日：2022年11月17日）

しまうような要因が社会に広く横たわっていることを示唆し、これもシステミックな問題として捉える必要があります。ある社会的養護経験者のユースは、「母親にこそ支援が必要である」と述べていたのが印象的でした[34]。もう一つ、日本の子どもを苦しめているシステミックな問題に「校則」があります。例えば、生まれつき髪の毛が黒くないと「地毛証明」を提出させられ、場合によっては地毛を黒く染めるように指導される場合もあるそうですが、これは本人のアイデンティティを真っ向から否定する人権侵害と言えるでしょう。

　筆者はカナダで行われた「愛を法制化する（Legislating Love）」と題したオンラインでの話し合いに参加しました。現在インケアにいる子どもや、かつてインケアを経験したユースが参加しての話し合いでしたが、そこでこんな話が出ました。

　　「子どもたちは、規則や規制で管理するのではなく、どうすれば彼らに対する『愛』が育まれるか、という視点で考える必要がある」。そして、「政府の制度は、子どもたちが住んでいるコミュニティの中で、どうすれば子どもたちへの『愛』が育まれる条件を提供できるかを基準に設計すべきである」

　エルマン氏は「子どもへの愛が育まれる条件」を以下の4項目にまとめて提唱しています。

　①子どもが声を出すことを皆で、とりわけ大人が支援すること
　②子どもを尊重し権利を有するひとりの人間として扱うこと
　③子どもを中心において意思決定をする義務を大人が負うこと
　④子どもが年齢による差別を含めた、あらゆる差別からの自由を保障

---

[34]　2019年12月に鳥取大学で開催された国際シンポジウム「子どもの声からはじまる未来〜Have a voice, To our future〜」で発表した社会的養護経験者の発言。本書 p. 130参照。

　　すること

　2022年3月5日にオンラインで開催された鳥取養育研究所主催の「第13回研究発表大会」で講演した映画監督・絵本作家の西坂來人氏は、児童養護制度を経験した人たちに聞き取りをした結果、彼らの体験はひとそれぞれ異なってはいたが、共通していた点は「自分は大切にされていなかった」と感じていたことだ、と述べていました。これはまさに彼らは愛が育まれる環境にいなかったということだと理解でき、カナダのユースと全く同じ経験をしていることになります。

　私たちは子どもたちが暮らす家庭や学校、そしてコミュニティの中で彼らを規制や規則で管理するのではなく、彼らへの「愛」が育まれる条件を構築し、自分は大切にされていると感じる環境を提供することで、彼らの発達や成長を支えることが必要なのです。

(3) システミックアドボカシーの担い手

　ここまで社会のシステミックな問題を具体的にみてきましたが、ではこのシステミックな問題を解決するために行うシステミックアドボカシーは誰が中心的な担い手になるのでしょうか。すでに説明したように、システミックな問題はその問題の犠牲者や被害者でないと、つまりこれらを体験した当事者でないと理解できないことが多いという特徴があります。システミックな問題を体験したことのない人たちにとっては、何が問題なのか分からないことが多いからです。差別や偏見、植民地化などによってその犠牲になったあるいは被害を受けた人たちはそのトラウマを経験しているわけですが、そのトラウマを経験した人たちが、システミックな問題による痛みや苦しみ、社会の不条理など身をもって体験しています。そしてそのために社会の何が問題なのか、どこに手を入れて問題を解決すればよいのかを理解しています。子どもの虐待で犠牲になる子どもたちは親からの虐待、それによる親からの引き離し、施設での生活によって受ける様々な

制約、社会からの偏見、将来への希望がなかなかもてない苦しみなど、社会的養護で生活した人でなければ分からないトラウマを経験しています。もちろん保護されて施設で暮らすことができて良かったという人がいるのも事実です。社会的養護の制度で暮らす子どもやユースの多くは、社会の偏見と差別に基づく虐待や不適切な対応、コミュニティ内での人間関係の崩壊などなど様々な社会の負の面をみています。彼らこそが社会のシステミックな問題を解決するための専門的な知識と経験、知見をもっているのです。これがなぜ当事者がシステミックアドボカシーの中心的な担い手になるのかの理由です。

2 ● 子どもやユースのコミュニティを構築

　第1節で紹介したユースによるシステミックアドボカシーを担うプロジェクトは、実は同じ経験をした仲間のコミュニティディベロップメントにもなっています。すなわちそれぞれのプロジェクトは、ユースのコミュニティとしても機能しているのです。ユースは、このプロジェクトを推進するコミュニティに参加することにより「つながり（Connection）」を確立し、コミュニティとして共に「声を上げる（Voice）」ことにより自らをアドボケイトし、大人とパートナーシップを組むことによりアドボカシー活動のための「社会的資源（Resources）」を獲得します。この三つの要素、①つながり、②声、③リソースこそが、当事者であるユースがセルフアドボカシー活動をするために欠かせないものであるとエルマン氏は述べています。

35　トロントにあるヨーク大学の松岡敦子教授は、当事者のアドボカシー活動は「コミュニティディベロップメントの一部だ」と指摘している。郷堀ヨゼフ監修・編著『境界線を越える世界に向けて──広がる仏教ソーシャルワークの可能性』学文社、2021年、p. 128。

36　Provincial Advocate for Children & Youth, RESOURCES. CONNECTION. VOICE. What Youth in Provincial Care need to survive and thrive, a report from Ontario's Office of the Provincial Advocate for Children & Youth 2011.

　当事者であるユースはこれらプロジェクトの活動に大人とパートナーとして協働するため、企業や非営利団体、公共団体や政府機関、他のユースグループなどとつながって、協力したり提携したりするアライ（ally:味方、同胞の意味）を獲得してコミュニティをさらに拡大していきます。そうすることで彼らの声はますます大きくなり、政府を動かし、議会を動かし、社会を動かしてシステミックな問題に挑戦しこれを解決していくのです。さらにコミュニティができて広がっていくことにより、ユースは帰属する場所やグループを獲得します。家族から引き離され、自分のコミュニティからも引き離されて社会的養護の制度に入るユースにとって、自分のアイデンティティを獲得するために帰属意識を強く求めます。このコミュニティディベロップメントを共に行うことで、ユースが求める帰属意識をもつことのできるコミュニティが構築できるのです。

　2021年11月にイギリスのグラスゴーで開催されたCOP26に日本から参加した高校生が「気候変動の問題にCOP26まで来て解決しようとしている仲間がいることに希望を感じた」と言い、「気候変動は石炭だけの問題ではなく社会のすべての問題に結びついていることを初めて実感した」と言います。そして「なかなか出会えないコミュニティにいるなって毎日実感した」と言います。彼女らはなかなか鋭いところを突いていて、気候変動がすべての社会問題に結びついていることに気づいたことと、自分が帰属できるコミュニティを見つけたことは素晴らしいことだと思います。

　なお、コミュニティディベロップメントの詳細は第3部を参照してください。

3 ● コミュニティディベロップメントアドバイザー（CDA）の役割

　これまで紹介してきたアドボカシー事務所でのプロジェクトは、実はユースのセルフアドボカシーを促進する「コミュニティディベロップメントアドバイザー（CDA）」というスタッフの活動です。アドボカシー事務所で最初にCDAの活動が始まったのは2010年ですが、アドボカシー事

務所はCDAとアドボキットを厳密には区別しています。ではその違いとは何でしょうか。アドボカシー事務所によれば、アドボキットは子どもやユースと一緒になって彼らの権利を擁護するために戦う一方、CDAは様々なプロジェクトを通じて子どもやユースが自身で自分の権利を守る、あるいは主張できるように戦っていける力やスキルを会得させるためにサポートをするという違いを示しています。とは言えアドボカシー活動において、アドボキットとCDAは常に協力しながら子どもやユースを支援します。なぜなら子どもやユースは、一方ではアドボキットによってアドボケイトされて権利擁護のサポートを受けつつ、将来は子どもやユース自身が自分の権利を自分で主張するためのスキルが身につくようにCDAがサポートするからです。そういう意味ではCDAもアドボカシー活動の一環を担っており、広義の意味ではアドボキットの一員と言え、CDAの活動は「コミュニティディベロップメントアドボカシー」だと言えます。

　CDAは、まず子どもやユースが互いに人間関係を築くことに重点をおいて活動します。ただ単に子どもやユースが、自分がしたいことをさせるだけでは人間関係を築くことができないため、お互いの信頼関係を土台にお互いが利益を得るような関係を築くことがコミュニティディベロップメントの最初の仕事になります。人と人とのつながりをつくりながら、安全で安心して何でも話せる環境ができあがると、ユースは自分たち自身でアドボケイトしていくようになります。

　ユースが自分でアドボケイトできる力やスキルを身につけてもらうことを目的にコミュニティディベロップメントをするわけですが、そのためには子どもやユースにアウトリーチしながら、具体的な行動をする必要があります。ユースリーダーであるアンプリファイアーの活動に関わり、さらにアンプリファイアーにアドバイスする現役のインケアユースで構成されるユースアドバイザリーに関わり、そこから何か新しいプロジェクトが生まれて一緒に活動するという形でこの目的を達成するのがコミュニティディベロップメントアドボカシーのモデルです。同じような理解をしてく

れている人たちが集まり、そういう人たちが仲間を通じて自らの力で社会を変えていく原動力になるのです。このためにはお互いに信頼できる関係性を築き上げることが基本条件ですが、みなが一緒に活動を続けていくと、やがてコミュニティのメンバーが自分たち自身で活動できるようになり、CDAはもうそこにはいなくともよいという状況ができあがります。それがCDAの役割なのです。第1節の2で紹介したOCACを立ち上げたシャイアンや今も活動を継続しているフェザーズオブホープがその成功例と言えるでしょう。

　関係性が築かれ、コミュニティが形成され、つながりができたら、次は子どもやユースに関わる政府の政策や様々なプログラム、政府の決定を具体的に変えていくということがこのプロジェクトの目的になります。優先順位が一番高いのは、ユース自身がやりたいことを実行することで、そのための計画を立てる段階からユースたちが関わると、自分たちが立てた計画は自分たちでやるという「自分たちのプロジェクト」としての意識が醸成され、やらされているのではなくて自分たちでやるという意識が高まります。そのためには子どもたちやユースが自分で計画を立てるために必要なツールやスキルが身につくように、CDAは彼らの活動を後ろから支えたり、ときにはガイドしたりします。

　アドボキットやCDAがアンプリファイアーのロールモデルになり、アンプリファイアーがアドバイザリーメンバーのロールモデルになり、アドバイザリーメンバーがその他の子どもやユースのロールモデルになるという、梯子段的な上昇のロールモデルを形成して長期的な目標を達成します。こうして意思決定のプロセスにユースの声があまり重要視されない社会一般の傾向を変えていくのです。意思決定のプロセスに若者が参加し、大きな声をもつことによって、これから実現する社会が自分たちの声を反映したものになるとき、声を出したユースが主体となる社会に変化していきます。ユースが自らの行動の成果によって、これから生きる社会が自分たちの望む社会になっているということを実感することで、より良い社会

が実現するという強い信念をもってユースの声を拡大増幅し、同時に彼らの声は重要で正当であるという「権利ベースの文化」を築いて、若者が意思決定のプロセスに参加する機会を提供することが不可欠なのです。

なおCDAの日本での具体的な実践の例については、第2部を参照してください。

4 ● 個別の権利アドボカシーからコミュニティディベロップメントへ──未来への希望

ここまでオンタリオ州における子どもアドボカシー活動が「個別の権利アドボカシー」から「システミックアドボカシー」そして「コミュニティディベロップメントアドボカシー」へと昇華してきた流れを説明してきました。

オンタリオ州アドボカシー事務所は、2015年まではこの三つを「子どもアドボカシーの三つの領域[37]」と呼んで、どれも重要な領域として捉えていました。「個別の権利アドボカシー」から「コミュニティディベロップメントアドボカシー」の実践へと体系的な活動に昇華するまでには、30年以上にわたるオンタリオ州での子どもアドボカシーの実践の積み重ねがあったことを筆者はみてきました。そして2016年アドボカシー事務所には、「調査（Investigation）」の権限がさらに加わり四つの領域に広がっています（図1）。アドボカシー事務所はこれを「重層的アドボカシー（layered advocacy）」と呼んで、子どもアドボカシーはさらに深みを増し発展を遂げました。詳細は第3部で説明しています。

1978年に当時のDefense for Children Canadaを設立した民間人のレス・ホーン（Les Horne）氏によって始まった「個別の権利アドボカシー」の活動は、1984年に「子ども家庭サービス法」の制定により、州政府コミュニティ・ソーシャルサービス省（当時）内に「オンタリオ州アドボカシー

37　*Amplifier Magazine*, Provincial Advocate for Children and Youth, Issue 1, 2015, p. 36.

図1　子どもを中心としたアドボカシーの四つの領域

出典：2017 Report to the Legislature より筆者翻訳および作成

事務所」が設置され、政府の公式な活動として引き継がれました。このときの州チーフアドボキットがジュディ・フィンレイ氏です。彼女は事務所に子どもアドボキットを多く採用して「個別の権利アドボカシー」を継続すると同時に、事務所の運営に関して提言をしてもらうために、現役のインケアユースによる「ユースアドバイザリーグループ」を立ち上げました。彼らは事務所の活動を評価したりアドバイスをしたりして、アドボカシー業務にユースの声が反映されるように貢献しました。このアドバイザリーグループが1999年に日本を訪問しました。

　一方、インケアユースの自立支援プログラムを提供している機関PARC（Pape Adolescent Resource Centre）の所長をしていたエルマン氏は、PARCでのユースの活動として曜日ごとに異なるユースグループ活動のプログラムを実施していました。例えば、ニュースレター発行グループ、芸術グループ、スモールビジネスグループなどです。これらユースグループはスキルを身につける活動をしながら悩みを話し合ったり、経験を話し合ったりして互いに関係性を築きコミュニティを形成していきました。彼らはグ

ループ活動を通じて子どもの権利についても学んでいきました。そしてこれらの活動を継続していくうちに、子どもの権利アドボカシー活動を積極的に行うグループが誕生しました。このグループは比較的年上のユースで構成され、「ネットワークグループ」として児童養護制度を改善するための提言をするなどのシステミックアドボカシー活動を展開しました。また年下のインケアユースのために、「子どもの権利ワークショップ」を開催してセルフアドボカシー活動についても教育や啓発活動をしました。このグループが1999年にアドボカシー事務所のユースと共に日本を訪問しました。このグループは日本で児童福祉関係者やソーシャルワーカーに対してワークショップを実施しています。

　こうしてみると2010年に州アドボカシー事務所で始まったCDAによるコミュニティディベロップメントアドボカシーやそのコミュニティによるシステミックアドボカシーは、この年に突然始まったことではなく、2007年の法改正で独立する前のアドボカシー事務所やPARCですでに行われていたユースによる活動が、その後さらに進化し昇華して体系だって行われるようになったと言えます。筆者はこの発展過程を1994年頃よりみてきましたが、PARCの所長時代にエルマン氏が培ったユースとの活動経験をもとに州アドボキットになって活動を体系化させたと考えられます。

　「個別の権利アドボカシー」で始まった子どもアドボカシーが、その後大人とユースがパートナーとなってユースのコミュニティを形成することにより、現在では社会を変える「システミックアドボカシー」にまで進化し昇華したことは、子どもやユースの力で彼らにとって希望のもてる社会が今後実現する可能性を秘めており、将来への明るい材料と言えるでしょう。

第2章 ユースのセルフアドボカシーを支える法的枠組み

この章では、カナダ・オンタリオ州とブリティッシュコロンビア州のアドボカシー関連の法律やガイドラインなどをもとに子どもやユースのセルフアドボカシー、ひいてはシステミックアドボカシーを促進する法的な枠組みを読み解きます。これをみると子どもアドボカシーが実は、彼らの声を聴いて彼らに代わって声を出すことがその本質ではなく、子どもやユースが自ら声を出せるようにサポートすることであることが分かります。

第1節　ユースとのパートナーシップを促進するオンタリオ州の法規定

2007年に制定された「オンタリオ州子どもユースアドボキット法[38]」では、アドボキットがユースとパートナーとなって活動することが規定されており、そのことによってユースが自らセルフアドボカシーができるように法的枠組みが与えられています。なお、同法は日本には「オンタリオ州子どもアドボカシー法」として紹介されていますが、正しくはオンタリオ州子どもユースアドボキットの存在を法制化したものです[39]。

この法律の目的は三つあり、以下のように定められています。

38　この法律は自由党政権時に成立したが、2018年にオンタリオ州の政権交代があり、政権党となった保守党が2019年に廃止した。

39　原文の英語：Provincial Advocate for Children and Youth Act, 2007.

第1条：この法律はオンタリオ州立法議会に直属し、独立した「オンタリオ州子どもユースアドボキット」を公務員としての役職を設けることで、下記の職務を遂行することを目的とする。

(a) 先住民の子どもや特別支援の必要な子どもを含む、子どもとユースに独立した声を出す機会を提供し、彼らとパートナーとなって、彼らが抱える問題を提起し解決に向けて前進させる。[40]

(b) 子どもと家族、およびサービス提供者との間のコミュニケーションと理解を促進する。

(c) 子どもとユース、および彼らの保護者に子どもおよびユースの権利について啓発する。

　上記のように、(a)でユースとパートナーとなることが第一の目的に明確に規定されているのです。また、(c)の規定にあるように子どもやユースの権利ついて社会一般に啓発活動をすることは、子どもやユースが自らの意見を安心して自由に述べセルフアドボカシーをするうえで、社会がそれを受け入れる素地を築くことにもなります。また同時にマスメディアを通じて世論を喚起し、ユースが行うセルフアドボカシーが社会の人々に支援される素地も構築していきます。

　また第2条の「解釈」(3) 本法律の解釈および適用において、以下の原則に配慮することが規定されています。

①国連子どもの権利条約で述べていることを原則とすること。

②オンタリオ州子どもユースアドボカシー事務所のすべての業務プロセスにおいては、子どもおよびユースによる意味のある参加を実[41]

40　原文の英語：provide an independent voice for children and youth, including First Nations children and youth and children with special needs, by partnering with them to bring issues forward.

41　英語では"meaningful participation of children and youth through all aspects of its advocacy services."

現する模範となることが望ましいこと。

　すなわちアドボカシー事務所が行う活動においては、必ず子どもやユースが参加すること、しかも単に形式的ではなくて実質的で意味のある参加が求められ、これが他の組織や団体などの活動における模範となることが求められています。これにより第1章第1節で紹介したアドボカシー事務所内でのユースの様々なプロジェクト活動が進められ、また強く支援されているのです。なお、当法律では「意味のある参加」については具体的に定義されてはいませんが、下記の「意味のある参加への道」がその参考になります。ここではレベル5に達して初めて意味のある参加と言えそうです。すなわち意思決定の権限および責任を共有していることが意味のある参加と言えるのです。そして、これが「パートナー」であることの意味でもあります。

意味のある参加への道
　　レベル5：子どもは意思決定に権限と責任を共有している
　　レベル4：子どもは意思決定の過程に参加している
　　レベル3：子どもの意見は取り入れられている
　　レベル2：子どもは意見表明することを支持されている
　　レベル1：子どもは聞かれるだけの存在でしかない
　　　　　　　　　　　資料：Listen Inc. Youth Engagement Continuum

　州アドボキットは州立法議会において副総督が、立法議会の要求を受けて任命[42]することになっていますが、州アドボキットは同法第3条(2) の規定により、子どものメンタルヘルスや児童福祉、子どもの発達とそれへの

42　カナダは英連邦に加盟しているため、カナダ元首でもあるチャールズ国王の名代として連邦政府によって総督が任命される。さらに各州には副総督がおり、州ごとに州政府により任命される。

サービス、少年司法、教育および小児科の保健サービス等の分野で多大な知識と経験をもつ者でなければなりません。

　このように当法律では、州アドボキットの資格として学歴や職歴、その他の国家資格などの具体的な法的または制度的資格については規定されていませんが、子どもや青年の保健、教育などの関連法律、メンタルヘルス、その他のサービス関連分野での多大な知識と経験が問われます。これに加えこれも当法律には明記されていませんが、子どもやユースとのコミュニケーション能力や関係性の築き方でも有能でなければならないことは、これまで25年以上トロントでアドボカシー制度に関わってきた筆者の観察によって認識したことです。また国連子ども権利条約に基づく子どもの権利や障がい者、先住民および女性の権利など、広く人権に関する知識と知見も求められます。

　これらの諸能力が州アドボキットに求められているのは、ユースとの真のパートナーとして対等に活動するためには必須のことと言えます。なぜならユースは社会的養護制度や少年司法制度など社会福祉制度の当事者としてこれを直接体験しており、この分野では「専門家」として理解されているからです。専門家としてのユースと対等にパートナーを結ぶためには、制度を体験していないアドボキットも豊富な知識やコミュニケーション能力をもち合わせていることが重要であると考えられます。

　当法律の第15条は、アドボカシー事務所の機能とパワーを規定していますが、(c)では「子ども家庭サービス法第Ⅴ部」に定められているインケアの子どもの権利を促進し、「更生サービス省法第Ⅴ部」に定められている拘留されているユースの権利を促進する、と明記されています。この二つの法律には「子どもの聴かれる権利（right to be heard）」が明記されていて、そこには次のように書かれています。

> 医療・治療や教育または訓練、作業プログラム、宗教、またインケアの措置からの解除や他の施設（里親）への移動など、子どもに

> 関する重要な決定がなされるときはいつでも、インケアにいる子ど
> もは、相談を受け本人の意見（考え方）を表明する権利を有する。

　この「聴かれる権利」もまた、子どもやユースがセルフアドボカシーを
するうえで欠かせないもので、これを尊重し支持することもアドボキット
の重要な機能なのです。なおこの権利は国連子どもの権利条約第12条で
も規定されており、「参加する権利」として最も重要な権利の一つと捉え
られています。
　ところでオンタリオ州アドボカシー事務所は、アドボカシーを次のよう
に説明しています。

　　アドボカシーはよくエンパワーメントの過程と言われることがあり
　　ます。すなわち他の人にパワーを与えることだというのです。しかし
　　アドボカシーをより良く説明するには、子どもやユースが自らもって
　　いる力を引き出すこと、そしてそれを効果的に使うように教えること
　　と捉えたほうが良いのです。[43]

　子どもたちが将来、自分の人生を切り開いていく力、社会を変えてい
く力をこのパートナーシップによるアドボカシー活動によって会得して
いくことになります。そしてそれが実際に第1章第1節で紹介したOntario
Children's Advancement Coalition（OCAC）や Youth In Care Canada（YICC）
などの当事者団体などに実現し証明されているのです。
　2018年の鳥取大学・鳥取養育研究所が行ったオンタリオ州アドボカ[44]
シー事務所での訪問調査では、書類として規定されているわけではない

43　畑千鶴乃・大谷由紀子・菊池幸工『子どもの権利最前線　カナダ・オンタリオ州の挑戦
　　——子どもの声を聴くコミュニティハブとアドボカシー事務所』かもがわ出版、2018
　　年、p. 125。
44　畑千鶴乃「子どもの権利擁護機関の設置構想——子どもの声を反映させる政策改善過程
　　分析を通じて（18K13113）」。

が、アドボキットの活動基準として以下のように定めているとの説明がありました。

①意思決定のプロセスに、ユースがどこまで参加できたか。[45]
②アドボカシー事務所が提案する戦略や計画について、ユースの同意が得られているか。
③アドボカシー事務所の活動が、ユースたちにどういうインパクトを与えたのか。すなわち、ユースは自信をもつことができたのか、知識をもつことができたのか、また、それによって人の助けを借りずに自分で自分をアドボケイトできるようになったのか、自ら社会を変える力があると自覚したのか。

　これらの活動基準は法律で定められたパートナーシップとユースの意味のある参加を具現化するために定められたものです。エルマン氏は「アドボキットは、子どもやユースのために発言するという前提は間違いで、これを行うとかえって子どもやユースは抑圧を受けていると感じる可能性がある」と言っています。子どもやユースのためではなく子どもやユースと一緒に活動することが必要であり、パートナーシップと意味のある参加の大切さを物語っています。

第2節　ユースのセルフアドボカシーを促進するBC州の法的枠組み

　ここでは補論として、前節で紹介したオンタリオ州子どもユースアドボキット法と比較し、ユースのセルフアドボカシーを促進するブリティッ

45　ここで注意しなければならないのは、一見参加したように見えるが、実は大人が無意識にユースを利用して大人が得していることがあることである。そのため、逆に子どもを傷つけてしまうことがある。

シュコロンビア（BC）州の子どもアドボカシー法にあたる「子どもユース代理人法[46]」による法的枠組みをみていきます。なお以下の記述は、鳥取大学・鳥取養育研究所による訪問調査（2018）により得た知見を、筆者が再構成したものです。

　代理人とは、子どもアドボキットのことを意味します。BC州ではオンタリオ州子どもユースアドボキット法が制定される1年前の2006年に、子どもユース代理人法が成立しています。つまりこの二つの法律はほぼ同じ時期に施行されています。

1 ● 当事者のセルフアドボカシーを支援する規定

　当法律の第3部「子ども代理人の機能と一般的な権限」では、様々なサービスに当事者がアクセスするためにセルフアドボカシーをサポートする規定があります。すなわち、

　⑴ 代理人はこの法律にしたがって次の機能を実行する責任があるとして、

　　⒜「指定サービス」を尊重し、子どもおよびその家族に支援、援助、情報提供および助言をする。このサービスには以下の活動が含まれますが、これに限定されるわけではない。

　　　（i）「指定サービス」に効果的にアクセスする方法、およびそれらのサービスに関して効果的なセルフアドボカシーを行う方法について、子どもとその家族に情報とアドバイスを提供する。

　なお「指定サービス」ですが、次頁の制定法に基づいて提供される、または政府によって提供または資金提供される、子どもとその家族のための以下のサービスまたはプログラムのいずれかを意味します。

46　英語の原文：REPRESENTATIVE FOR CHILDREN AND YOUTH ACT 2006.

　⒜ 養子縁組法、BC保育法、保育資金支援法、子ども家族コミュニ
　　ティサービス法、コミュニティー生活権限法、少年司法

　具体的には以下のサービスが含まれますが、これに限定されるわけでは
ありません。

- 家庭支援
- 子どもの保護
- 里親ケア（子どもの養育）
- 養子縁組
- 未成年後見
- 障がいのある子どもおよびユースへのサービス
- 少年司法の下で対処されているユースへのサービス
- 19歳から24歳までの若者の成人発達障がい者サービス[47]

　⒝ 子どもの発達および保育サービス
　⒞ 子どものメンタルヘルスサービス
　⒟ 子どもの依存症サービス
　⒠ 成人への移行期のユースおよび若者へのサービス
　⒡ 当法の第29条で規定されている追加のサービスまたはプログラム

　もちろん、⒤では「指定サービス」を受けている、または受ける資格
のある子どもに代わってアドボケイトすることも規定されています。

　また⒤では「指定サービス」に関して、コミュニティ内で子どもとそ
の家族のためのアドボカシーサービスを支援および促進し、公に発言する
ことが規定されていますが、この公に発言することで社会が子どもたちの
セルフアドボカシーを後押しする機運も醸成できます。

　オンタリオ州と同じように子どものアドボキットである「代理人」は議

47　「若者」とは英語の"Young Adult"のことである。年齢的には19歳から24歳までになっ
　　ており、ユースはこれより若い年齢層である。

会によって任命されますが、その資格については当法律では具体的に規定はされていません。しかしながら州の代理人がその副代理人を雇用する場合には次のことを考慮することが規定されています。

第 7 条(2) 第(1)項 (a) に基づいて副代理人を任命する前に、代理人は BC州の先住民の子どもとその家族の生活に関する本人の理解または関与を含む、本人のスキル、資格、および経験を考慮しなければなりません。BC州は比較的先住民の人口の割合が多いため、先住民の家族や子どもの生活についての知識は欠かせません。そして先住民の子どもたちが自らセルフアドボケイトすることを後押しすることがとても重要になります。

2 ● BC州におけるアドボカシー活動のガイドライン

BC州では法律で定められた「子どもユース代理人事務所」のアドボカシー活動を実践するためのガイドラインが設けられています。このガイドラインは様々な状況を想定して詳細に設定されていますが、その中の「個別アドボカシー：ポリシーと手順（INDIVIDUAL ADVOCACY POLICY AND PROCEDURES）」では、当法律を次のように解釈してポリシーと手順を決めています。

ポリシーの目的は、「アドボカシー事務所の機能の理解と実践において、事務所のスタッフを支援および指導すること」としています。そして以下のようにポリシー宣言をしています。

　　アドボカシー事務所のアドボキットは、法律や規則で特定または指定されたサービスを受ける資格があり、サービス制度を利用する場合に支援を必要とする子ども・ユース・若者を擁護する。アドボカシー活動には、情報、サポート（補助）、支援、アドバイスの提供が含まれる。アドボカシー事務所はセルフアドボカシーを促進し、コミュニティ内のサポート、サービス、アドボキットと個人をつなぎ、個人へ直接アドボカシーを提供することにより、彼らの意見や見解、思い、

　　選択肢、好みなどが聴かれ、権利が尊重され、彼らに影響を与える政
　　策や施策、方針等が尊重されることを保障する。

　この中で重要なのは「セルフアドボカシーを促進し」という部分です。
このガイドラインでは、立法上の背景として「アドボカシー法は、アドボ
カシー事務所のアドボカシー機能に立法上の権限を与えて」おり、この権
限は当法律で「アドボキットは、この法律にしたがって下記の機能を実行
する責任がある」としています。そして「特定または指定されたサービス
を尊重し、子どもとその家族をサポート、援助、情報提供および助言をす
る」責任を明記していますが、特に「特定のサービスとプログラムに効果
的にアクセスする方法、およびそれらのサービスとプログラムに関して効
果的なセルフアドボケイトをする方法について、子どもや若者とその家族
に情報と助言を提供する」として、セルフアドボケイトの重要性を規定し
ています。
　さらにアドボカシーを以下のように定義し、セルフアドボカシーの重要
性を強調しています。

> 　「アドボカシー」とは問題解決の実践であり、決定したことによ
> る結果を変えることができる権限をもつ人々に、問題や不正義に関
> して対処してもらうために注意喚起を促すことである。アドボカ
> シーは個人の意見を聞いてもらうことや関心のあることに考慮して
> もらうこと、権利が守られること、または必要なサービスにアクセ
> スするのに課題や障壁を抱えている人のために、個人の権利や重大
> な事柄を解決に向けて前に進めることである。アドボカシーは常に
> セルフアドボカシーを育む方法で行われるべきである。

　アドボキットの役割としても「サービスへのアクセスをするために効果
的なセルフアドボキットになれるように個人を指導する」としています。

具体的には「アドボキットは、情報、サポート、アドバイスを提供し、サービスへのアクセスにおいて効果的なセルフアドボキットになるように個人をコーチし、必要な場合、子ども・ユース・若者に代わって直接アドボカシーを行う」と規定されています。

　「個別アドボカシーの手順」の中に、「コミュニティ関係の手順」が規定されており、アドボカシースタッフは、地域で活動するコミュニティ機関とつながることが規定されています。そしてアドボカシーサービスを利用できる、または対象となる可能性のある子ども、ユース、若者に直接つながることも規定されています。その目的の中に「セルフアドボカシーの戦略について、子ども・ユース・若者に力を与え、教育する」ことが規定されています。

　もうひとつ「アドボカシープロセスへの子ども・ユース・若者の参加」についても規定されていますが、その目的と手順は以下のように定められています。

　目的　個人の好みや個々の状況を考慮して、アドボカシープロセスにおける子ども・ユース・若者の有意義な参加を促進する。子ども、ユースおよび若者を参画させることは彼ら個々の能力を高め、サービスを彼らのニーズに合わせ、サービスが包括的で差別的にならないようにする。

　手順　有意義な子ども・ユース・若者参加は、アドボカシー事務所のアドボキットの活動には欠かせない。アドボキットはクライアントと自分自身とのやり取りに、当事者中心のアプローチを採用し、若者が意思決定に関与することに責任をもつすべての家族やサービス提供者に対して実践の模範を示す必要がある。子ども・ユース・若者の効果的な参画は継続的に行われるプロセスであり、1回限りのイベントではない。

　このようにアドボカシーのプロセスに子どもや若者が意味のある参加を
することが不可欠であると述べられています。それは彼らの能力を高める
ことになると明確に書かれていますが、この考え方はオンタリオ州のアド
ボカシー実践と軸を同じくしており、カナダのアドボカシー実践の共通し
た考え方と思われます。当事者のセルフアドボカシーを促進し育成するこ
とは、彼らのセルフアドボカシーの能力を高め、さらには社会に変革を促
すシステミックアドボカシー実践能力へとつながることになるとカナダは
考えてきたわけです。

コラム カナダから日本にわたったユースによるアドボカシーの萌芽

　私（翻訳者：菊池）が初めてアーウィン・エルマン氏と出会ったのは、今から25年前の1997年だったと記憶しています。きっかけは1994年に当時大阪府立大学の故許斐有教授がトロントに子どもアドボカシーの研究に来られ、彼の通訳として研究のお手伝いをしたことが私の子どもアドボカシーとの出会いであり出発点でした。

　許斐教授は1996年にはサバティカルで1年間、トロント大学の客員研究員としてオンタリオ州の子どもアドボカシー制度を本格的に研究されました。私は許斐教授と共に、インケアの若者の自立支援プログラムを提供している機関PARC（Pape Adolescent Resource Centre）を訪問し、初めてエルマン氏に出会ったのです。彼はこのときPARCの所長をしていました。許斐教授は、日本に帰国した後も精力的にトロントとコミュニケーションを続け、その翌年には関西の児童養護研究会と子ども情報研究センターが共同で、当時のオンタリオ州チーフアドボキットのジュディ・フィンレイ氏を日本に招聘して講演会を開催しました。そして1999年には、PARCのユースグループで子どもアドボカシー活動をしていた「ネットワークグループ」のメンバーと子どもアドボカシー事務所の「ユースアドバイザリーグループ」のメンバーを、前述の2団体に資生堂社会福祉事業財団（現資生堂こども財団）が加わって「PARC NETWORK GROUP招聘委員会」を組織し、彼らを日本へ招聘しました。招聘されたグループの中にはPARCとアドボカシー事務所の職員も含まれ、エルマン氏も一緒に日本を訪問しました（写真11）。

　このプログラムでは日本のインケアユースとの交

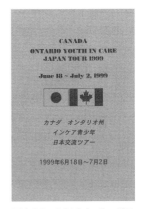

写真11　1999年プログラムの表紙

流や児童福祉関係者、養護施設の施設長や職員向けのワークショップや講演などが行われ、子どもアドボカシーの重要性を訴えました。エルマン氏はカナダユースの日本招聘事業を実行した大阪の大人たちのグループを「大坂パワー」と呼んで絶賛しました。私は幸運にもこれらのプログラムのコーディネーター兼通訳として参加する機会を得ましたが、このプログラム期間中のエピソードを二つ紹介しましょう。

　一つ目はカナダのユースによる「スピークアウト」が行われたときのことです。２人のユースが自分の生い立ちやインケアでの経験などを生々しく語った後のことです。そこには日本のインケアユースと施設長や職員なども出席していて、カナダのユースのスピークアウトの後に日本のユースも含めたパネルディスカッションが行われました。しかしそのときある日本の施設長がパネルのメンバーだった日本のユースに向かって「お前もスピークアウトしたらどうだ」と発言をしたのです。それを見ていたカナダのユースも職員も一同、驚きショックを受けたのでした。そしてカナダのユースの一人が気分が悪くなりホテルに戻ったのです。私は彼女に付き添って会場からホテルまで連れて帰ったのですが、彼女はショックで泣いていました。スピークアウトの原則は本人が、①話したいことだけを、②話したいときに、③話したい人にだけ、④話したいところで話すこと、とされています。

　自分の生い立ちやインケアの経験を人に話すのには相当の勇気と準備が必要で、話すことでフラッシュバックが起きたり、聞く人の反応を心配したりと、精神的に大きな負荷がかかります。そのために、必ず入念な準備をしたうえでメンタルなサポートをする大人や仲間が付き添います。ですから日本のユースが、みんなの前で準備もなしにいきなりスピークアウトをするように言われたことがショックだったのです。

　二つ目は大阪弁護士会に招待されて大阪弁護士会館で行われた交流会での出来事です。まさに交流会が始まろうとしていたとき、カナダのユースの一人が弁護士たちに向かって「今日、私たちの話を聞いてどんな行動を起こそうとしているのですか。もし話だけ聞いて何もする気がないのなら、私たちは今すぐ

帰ります」と言ったのです。これを聞いた弁護士の皆さんの反応を想像してみてください。すぐに内輪で話し合って回答し、何とかユースを説得したのですが、一時はどうなるかとヒヤヒヤしたことを思い出します。でもこれは重要なことを教えてくれています。それは、大人たちは子どもやユースの話を聞いたからには行動を起こさなければならない責任があるということです。いったん話を聞いたら最後、それは聞いた大人の側の問題になるわけです。子どもやユースの話を聞くときは、それだけの覚悟をもって聴かなければなりません。ここからもユースとパートナーとなって活動することの大切さが分かります。

　さて翌2000年には日本からユース5名とスタッフ3名がトロントを訪問して、PARCのユースらと交流しました。そのメンバーの中には中村みどりさんがいました。彼女は当時まだ16歳だったと記録にあります。彼らはカナダで2週間ばかりの交流を終えて日本に帰ってから大阪で当事者ユースの団体を立ち上げる準備を始め、翌2001年にはCVV（Children's Views and Voices）を立ち上げます。立ち上げには若い大人のサポーターたちが支援し、ユースと大人のパートナーシップはすでにこのときからできていました。そして2004年に今度はこのCVVが中心になって、二度目になるPARCユース日本招聘事業を実現しました（写真12）。このときもエルマン氏は一緒に日本を訪問しています。この日本とカナダのユースの交流は日本の当事者ユースが企画からプログラム実施まで行った画期的な出来事でした。このときも大人がパートナーとして協力しましたが、朝日新聞もこの交流会を大々的に報道してくれました（写真13）。

　このときのエピソードを一つ紹介します。PARCのユースによるワークショップを翌日に控えた宿泊所で、夕食を終えたPARCのユースはそのワークショップの具体的プログラムの企画と進行について話し合っていました。かなり白熱した議論が行われ、ワークショップの内容も徐々に固まりつつありまし

写真12　2004年プログラムの表紙

写真13　『朝日新聞』(2004年9月5日)

た。夜も更けて午前零時を過ぎようとしていましたので、みな疲れ切っていました。「もうこれで行こう」とまとまりかけていたとき、あるユースが「私はこれでは納得がいかない」と言い出したのです。私もこの話し合いに参加していました（本来大人は参加できない会議ですが、翌日私が通訳をしなければならないので事前に内容を知りたいと許可してもらいました）が、どうなることかと心配しました。もう疲れて寝たいとみなが

思っていましたので、「何をいまさら」と袋叩きにあうかと危惧したのです。ところが私の心配は杞憂に終わりました。なんと誰も文句を言う人はおらず、一人でも納得がいかないのならもう一度練り直そうということになったのです。私はこのときPARCのユースがエルマン氏をはじめ、職員にどのように受け止められて活動しているかを理解した気がしました。人の話を聞いてそれに真摯に応える姿勢がPARCの中で日常から貫かれていないとできないことだと思ったのです。これら2回のPARCとCVVの交流で、PARCのユースは誰を代表で派遣するかを決めるために内部での話し合いが行われました。もちろんPARCのメンバーはみな日本へ行きたかったのですが、渡航費用の関係で数名に絞る必要がありました。感動したのは派遣されなかったユースも懸命に資金集めの活動に協力して、代表となった人たちをみなで支えたことでした。

　さらに2009年には、秋田に招聘されて秋田のユースと交流を終えたPARCのユースが、その後CVVに招待されてこのときもCVVとPARCのユースとの交流が実現しました（写真14）。

　エルマン氏はその後オンタリオ州アドボキットになってからも2017年と2019年の2回日本を訪問しています。州アドボキットになってからの講演やワークショップは、施設の職員やソーシャルワーカー、政策決定者、教師および学生などを対象に行って、大人の側の子どもアドボカシーに対する理解と意

識変革を促してきました。

一方1990年代中頃より、故高橋重弘教授や故許斐有教授の影響やネットワークもあって、日本から多くの学生や大学教師、児童福祉の職員、政治家、福祉関係の公務員、児童養護施設の施設長や職員、研究者といった多くの方々が

写真14　CVVのブログから

個人やグループで研修のためカナダを訪問し、エルマン氏の話を直接聞いています。私はこれらの研修をコーディネートし通訳もしてきました。最初の頃は、次から次とカナダを訪れる日本人の研修者たちをエルマン氏は快く歓迎していました。しかし日本から来た研修者が「カナダの制度は素晴らしい、日本にも必要だ」と感想を述べ、日本に帰国した後に日本国内で発表し報告書を出すのですが、日本で子どもの権利を護る仕組みができたという報告をいっこうに聞くことがありませんでした。このようなことがあってから、エルマン氏は日本で行動を起こす約束をしないと研修は受けつけないと言うようになりました。

しかし実際にはその後も日本からの研修は歓迎したのですが、彼の失望感と不満を読みとることができました。研修に来た日本の児童福祉の専門家である大人たちが、一部の人を除き、遅々として行動を起こさないのとは対照的に、日本のユースはカナダを訪問しユースと交流をして帰国すると、日本ですぐ行動を起こしました。その第1号が先にも紹介した大阪のCVVです。この団体はすでに20年以上の歴史をもち、日本のユースによるセルフアドボカシー活動はこのときすでに始まっていたと言えるでしょう。そしてその後にカナダを訪問した日本のユースも、カナダでユースと交流して帰国すると日本ですぐに行動するケースが続出しました。これをみても当事者ユースが一番アドボカシーの必要性を感じており、そして実行力もあることが証明されます。

このように日本の児童福祉制度改革や子どもアドボカシー運動に多大な影響を与え、多大な貢献をしてきたエルマン氏は、彼のオープンで真摯な性格からか日本の子どもやユースのみならず、多くの大人からも絶大な支持を受け熱心なファンも多くいます。

　さてここで彼が寄稿した文（pp. 34-47）の内容に関し、彼を知る翻訳者として日本の読者のために少し補足解説しておきましょう。2019年12月に鳥取大学で開催された国際シンポジウム「子どもの声からはじまる未来〜Have a voice, To our future〜」での講演を依頼されて日本を訪れた彼は、日本で父親の虐待によって死亡した心愛さんのことを知って非常に心を痛めていました。本文にある通りカナダでも同じようなケースとしてケイトリンの例がすでにあったのです。ケイトリンの虐待死はエルマン氏が州アドボキットになっていきなり対応することになった重いケースでした。したがって彼にとっては強く心に残るケースであったと想像されます。同じ悲劇を二度と繰り返してはならないとの強い思いから、インクエストにユースと共に参加し、予防のために「ケイトリンの原則」を法律に盛り込むことに成功しました。こんなことがありましたので心愛さんのケースは彼にとってはショッキングだったと想像できます。彼はいつも「子どもたちが声を出せないときに、悪いことが起こる、ときには最悪なことが起こる」と話していました。彼にとってはこの考え方がオンタリオ州アドボカシー事務所の基本姿勢でしたので、日本においてもあらゆるステップの基本になるべきだと示唆しています。「日本の研究者たちは、子どもの権利について教育のワークショップを開発したり、何らかの制度とか機関を創設したりすることについて話し合っていますが、それには子どもたちがソーシャルワーカーや教師に会うとき、そして家族の中でも声を上げることができるようにすることを考慮しなければなりません。そうして、いったん子どもが声を上げれば、もう子ども側の問題ではなく、子どもの声を聴いた研究者やソーシャルワーカー、メディアなど大人側の問題となります」とエルマン氏は述べています。

　エルマン氏はカナダと日本で起きた二人の少女の死について、世間の注目を集め多くのメディアによって「なぜ？」と疑問が投げかけられたことに対する答えを「私たちが毎朝目を覚ましたときに見る鏡に映る自分の中にあります。答えは私たちすべての市民の心の中にあります」と述べていますが、これが正にアドボカシーはライフスタイルであって、生き方そのものであることを表し

ていると思います。「あなたは、アドボカシーをライフスタイルとして生きていますか？」と問うているのです。これは「子どもの声は重要で正当である」という「権利ベースの文化」を日常的なものとして生きていきましょう、と私たちに訴えていると理解できます。

　本文中にケイトリンと心愛を「炭鉱のカナリア」に例えている箇所があります。かつて炭鉱労働者たちは、カナリアを炭鉱の採掘抗にもち込み、毒ガスの存在を知らせる警報器のように使っていました。地下の採掘抗で火事や爆発などの事故があると一酸化炭素のような致死性ガスが発生することがありますが、この無色無臭のガスは人間にとってもカナリアにとっても致命的な毒ガスです。しかし人間よりもカナリアのほうがより敏感に反応し、人間よりも早くはっきりとその影響が現れます。ですから炭鉱労働者は、それを見て毒ガスの存在をいち早く知ることができ危険を回避することができるわけです。すなわち「炭鉱のカナリア」とは、何らかの危険が迫っていることを知らせる前兆を意味する比喩なのです。ケイトリンと心愛が「炭鉱のカナリア」に例えられたのは、この社会が子どもたちにとっては致命的なほど危険であるという警鐘なのです。

　もう一か所補足説明したいのは、ウェンディ・ヘイズの「誰も私のことが見えていないときに私を見ていてくれたあなた」の詩です。「……終わりの儀式」と私が訳した英語は原文で「this... funeral」となっていましたが、これを直訳して「これ……葬式」と訳してしまうと、読者はボランティア運転手の葬式だと思ってしまう可能性がありましたので、上記の訳にしました。この「……終わりの儀式」は、彼女が妹や母親と最後の別れを告げる面会のことだと分かります。恐らくその日は彼女にとっては「最もつらい日」であり、この面会は彼女にとっては「葬式」に匹敵するほど悲しい出来事であったことでしょう。それは、「喪服を着た人はあなただけ」という表現で分かります。彼女は面会が終わって妹や母親と別れた後、ひとり悲しみ、泣き叫び、そして自分の人生の一区切りをつけるための心の準備をしたかったのだと想像できます。しかし周りの大人は、そんな彼女の深い悲しみと心の叫びも聞かず、理解しようともせず、彼女を学校に連れ戻そうとしたのです。あたかも何事もなかったかのように。

しかしただ一人彼女の声を聴き、彼女に寄り添った人がいました。彼女のボランティア運転手です。この少女が学校に戻るために車に乗った後、彼女はこのボランティアに「自分は学校に行く気分になれない」と話したようですが、このボランティア運転手は彼女にこう言ったのです。「あなたが私を必要とする限り、私はあなたのためにここにいます」と。他の大人たちには少女が見えていないときでも、このボランティア運転手はずっと彼女を見ていました。その存在を受け止めていました。その少女を見ていた唯一の大人が亡くなったときの気持ちを想像してみてください。でもこの少女は、たった一人でしたが彼女をみていてくれた大人がいたおかげで生きていけるだろう、とこの詩を結んでいます。私はこの詩を読んで、一人でもよいから子どもを見て、声を聴いて、子どもに寄り添うことの大切さを改めて痛感しました。そして子どもの心の叫びを聴いて行動することを訴えている声を真剣に受け止め、そして行動する必要があるのだと再認識しました。

　「私にとって子どもアドボカシーとは、子どもとパートナーとなって、彼らの声を大きく拡大し増幅することです」とエルマン氏はいつも言いますが、彼によると子どもの声を聴くことがなぜ重要なのかを理解するのに、いろいろな枠組みをもとにした視点があります。ここでは、彼が示した主な三つの枠組みをみてみましょう。

　一つ目は「子どもの権利」の枠組みを根拠にして、子どもが声を出すことの重要性を理解する視点です。二つ目は「子どもの発達」の枠組みを根拠として、子どもが声を出すことの重要性を理解する視点です。これは子どもが声を出すことを学ぶことは、子どもが健全な発達を遂げ人間として成長するために不可欠であるという見方です。三つ目は「道徳的（倫理的）な枠組み」を根拠として、子どもが声を出すことの重要性を理解する視点です。子どもが声を出すのをサポートすることは道徳的（倫理的）に正しいことだという見方です。エルマン氏はこの三つの枠組みによる理解にすべて同意するとして、彼のこの寄稿文は主に子どもの発達や人間の成長の枠組みを根拠に書いたものだと語ってくれました。

　これには確かに根拠があると私が感じたのは、日本財団が2022年1月から2月にかけて実施した「18歳意識調査」[48]の結果をみたときです。「自身と社会との関わりについて」の問いに、「自分は大人だと思う」と答えた日本の若者が27.3％と、調査した6か国中最低でした。1位イギリスの85.9％に比べると著しく低いことが分かりますし、日本の次に低かった韓国でさえ46.7％だったのに比べてもかなり低いことが分かります。同じ18歳なのに、国によってこれほど違うのはなぜでしょうか。考えられる原因としては日本では子どもや若者が声を出すことが奨励されてこなかったことにより、大人と対等の立場で社会に参画する機会があまり与えられなかったことではないかと考えられます。日本では法律が変わり成人年齢が18歳に引き下げられましたが、エルマン氏が指摘したように、子どもが大人として成長し発達するためには、やはり子どもたちが早いうちから声を出すことをサポートしていくことが不可欠と言えそうです。そのためには「子どもの声は重要で正当である」という「権利ベースの文化」を築き、子どもや若者の声が反映される社会を実現することが必要です。

48　日本財団「18歳意識調査『第46回－国や社会に対する意識（6か国調査）－』報告書」2022年3月24日。https://www.nippon-foundation.or.jp/app/uploads/2022/03/new_pr_20220323_03.pdf（最終アクセス日：2022年12月21日）

第2部

コミュニティディベロップメント
アドボカシーへの模索

藤野　謙一

　第2部では、児童養護施設の職員である筆者がコミュニティディベロップメントアドボカシーのCDA（コミュニティディベロップメントアドバイザー）として、ユース[1]と共に実践してきたことを紹介します。この実践は、児童養護施設等を経験しているユース同士がつながりをつくり、安心で安全な環境の下で自分たちの意見が言えるコミュニティを形成し、大人（特に社会的養護意思決定者）へ意見表明（公聴会）をする取りくみです。

　第1章では、すべての始まりである高校生トロント交流会（日本キリスト教児童福祉連盟[2]主催）での意見表明（模擬公聴会）を紹介します。第2章でそれを日本で実践した全国インケアユースの集い（日本キリスト教児童福祉連盟）の実践概略を、第3章で鳥取県にユースグループHope & Homeが結成されて社会的養護意思決定者への公聴会が実現したことを紹介します。最後に第4章でコミュニティディベロップメントアドバイザー（CDA）の役割と条件について考察します。

　この実践が、これからコミュニティディベロップメントアドボカシーを実現しようとするCDA、アドボキット、アンプリファイアーであるユースリーダー、ユースの参考となれば幸いです。

　なお、第2部のカナダ・オンタリオ州アドボカシー事務所との交流や学びによる記述は、菊池幸工氏による通訳・解説と畑千鶴乃氏の参与観察による議事録から筆者が再構成したものです。筆者は2022年度から児童養護施設の意思決定者である施設長を拝命しました。これまでの取りくみは、施設長ではなかったときに実践していたことを申し添えておきます。

1　当事者グループHope & Homeでは、社会的養護下で生活する高校生年齢から30歳以下の入所児童および退所者をユースと定義している。また、企画・運営・進行やユースをアドボケイトするユースをユースリーダー（アンプリファイアー）と呼んでいる。

2　日本キリスト教児童福祉連盟は、1974年設立、2022年6月27日現在で、児童養護施設68、乳児院11、保育所8、母子生活支援施設7、児童心理治療施設5、知的障がい児施設3、自立援助ホーム1、ショートステイ1、ファミリーホーム1、大学1、その他1の合計107のプロテスタント系施設と3名の個人が加盟している。

第1章 高校生トロント交流会

カナダ・オンタリオ州議事堂での模擬公聴会

第1節　高校生トロント交流会の取りくみ

1 ● 全国養護施設高校生交流会の歩み

　子どもの権利条約が国連で採択される前年の1988年から1998年まで全国養護施設高校生交流会[3]という社会的養護当事者の意見表明運動があったことを皆さんはご存じでしょうか。毎年1回、全国各地の養護施設（現児童養護施設）で生活する高校生たちが一堂に集まり、3～5日間の合宿形式で施設生活等についての意見表明をしていたのです。表1にあるように全11回（非公式鳥取フォーラム含む）で、高校生の参加者は合計1,311名（一番多い回の参加者165名）、アシスタント職員の参加者は合計599名（一番多い回の参加者80名）、第1回は主催が美深育成園の養育研究所と鳥取養育研究会（現鳥取養育研究所）、その後は第3回から主催は主に全国養護施設協議会（現全国児童養護施設協議会）、後援は主に厚生省（現厚生労働省）でした。1994年（日本が子どもの権利条約に批准）には、第7回交流会で子どもの権利条約を学んだ高校生が施設内虐待を告発したことによって、権力のある大人の圧力がかかり、公式な会は次年度に中止となりました。その後、高校生交流会は再開しますが形骸化してしまい、この出来事は日本

3　師康晴『出会えてよかった──絶対の差別の解消をめざして』言叢社、2006年、pp. 107–139。

表1　全国養護施設高校生交流会の歩み一覧表

回	開催期間	開催場所	主催	後援	参加高校生	参加アシスタント
第1回	1988年8月22〜26日	鳥取市鳥取砂丘こどもの国	美深育成園「養育研究所」、鳥取養育研究会	鳥取県鳥取県養護施設協議会	8道府県12施設25名	15名
第2回	1989年8月7〜11日	北海道美深町林業保養センター・稚内少年自然の家・美深育成園	全国高校生会議準備委員会（仮称）	全国養護施設協議会	20都府県38施設74名	24名
第3回	1990年8月8〜11日	京都府舞鶴市小橋の民宿	全国養護施設協議会	京都府・京都市・京都新聞社会福祉事業団	26都府県63施設154名	43名
第4回	1991年8月11〜14日	岐阜県高山市国立青年の家	全国養護施設協議会	厚生省・岐阜県・高山市　岐阜県社会福祉協議会　岐阜県児童福祉協議会	26都府県88施設165名	80名
第5回	1992年8月8〜11日	長野県望月町望月少年自然の家	全国養護施設協議会	厚生省・長野県・望月町　長野県社会福祉協議会・長野県児童福祉施設連盟・望月町社会福祉協議会	27都道府県89施設156名	75名
第6回	1993年7月23〜31日	秋田県田沢湖町わらび座	全国養護施設協議会	厚生省・秋田県、秋田県社会福祉協議会、秋田県養護施設協議会	25都道府県56施設アジア130名児童32名	57名アジア職員10名
第7回	1994年8月16〜19日	北九州市玄海青年の家	全国養護施設協議会	（キリン福祉財団協賛）厚生省・福岡県・北九州市・福岡県社会福祉協議会・北九州市社会福祉協議会・福岡県養協	30都道府県78施設157名	69名
非公式鳥取フォーラム	1995年8月10〜12日	鳥取市鳥取砂丘砂丘センター	鳥取県養護施設協議会・鳥取フォーラム実行委員会	鳥取県福部村鳥取県社会福祉協議会	18道府県34施設78名	52名
第8回	1996年8月6〜9日	石川県珠洲市珠洲ビーチホテル	全国養護施設協議会	厚生省・石川県・珠洲市、石川県社会福祉協議会、石川県養護施設連盟	28都道府県60施設103名	61名
第9回	1997年8月5〜8日	松山市野外活動センター	全国養護施設協議会	厚生省、愛媛県、松山市、愛媛県社会福祉協議会、愛媛県児童福祉施設連合会	23道府県36施設87名	63名
第10回	1998年8月4〜7日	宮城県気仙沼市大嶋開発総合センター	全国養護施設協議会	厚生省、宮城県、仙台市、気仙沼市、宮城県社会福祉協議会、気仙沼市社会福祉協議会、宮城県児童養護施設協議会	23都道府県36施設150名	50名
11回合計					1,311名	599名

出典：藤野興一作成

郵便はがき

101-8796

537

【 受 取 人 】

東京都千代田区外神田6-9-5

株式会社 **明石書店** 読者通信係 行

‖‖‖·‖·‖‖‖‖‖‖‖‖‖‖‖‖‖‖‖‖‖‖‖‖‖‖‖‖‖‖‖‖‖‖‖‖

お買い上げ、ありがとうございました。
今後の出版物の参考といたしたく、ご記入、ご投函いただければ幸いに存じます。

ふりがな		年齢	性別
お名前			

ご住所 〒　　　-

TEL	（　　　）	FAX	（　　　）

メールアドレス	ご職業（または学校名）

図書目録のご希望	＊ジャンル別などのご案内（不定期）のご希望
□ある	□ある：ジャンル（　　　　　　　　　　）
□ない	□ない

書籍のタイトル

◆**本書を何でお知りになりましたか？**
　　　□新聞・雑誌の広告…掲載紙誌名[　　　　　　　　　　　　　　　　　]
　　　□書評・紹介記事……掲載紙誌名[　　　　　　　　　　　　　　　　　]
　　　□店頭で　　　□知人のすすめ　　　□弊社からの案内　　　□弊社ホームページ
　　　□ネット書店 [　　　　　　　　　　] □その他[　　　　　　　　　　]

◆**本書についてのご意見・ご感想**
　　■定　　　　　価　　　□安い（満足）　　□ほどほど　　　□高い（不満）
　　■カバーデザイン　　　□良い　　　　　□ふつう　　　□悪い・ふさわしくない
　　■内　　　　　容　　　□良い　　　　　□ふつう　　　□期待はずれ
　　■その他お気づきの点、ご質問、ご感想など、ご自由にお書き下さい。

◆**本書をお買い上げの書店**
　[　　　　　　　　　　市・区・町・村　　　　　　　書店　　　　　　店]

◆**今後どのような書籍をお望みですか？**
　今関心をお持ちのテーマ・人・ジャンル、また翻訳希望の本など、何でもお書き下さい。

◆**ご購読紙** (1)朝日 (2)読売 (3)毎日 (4)日経 (5)その他[　　　　　　新聞]
◆**定期ご購読の雑誌** [　　　　　　　　　　　　　　　　　　　　　　　]

ご協力ありがとうございました。
ご意見などを弊社ホームページなどでご紹介させていただくことがあります。　□諾　□否

◆**ご 注 文 書**◆ このハガキで弊社刊行物をご注文いただけます。
　□ご指定の書店でお受取り……下欄に書店名と所在地域、わかれば電話番号をご記入下さい。
　□代金引換郵便にてお受取り…送料＋手数料として500円かかります（表記ご住所宛のみ）。

書名		冊
書名		冊

ご指定の書店・支店名	書店の所在地域	
	都・道 府・県	市・区 町・村
	書店の電話番号　（　　　　）	

参加者計	特徴等コメント
40名	養護施設の高校生たちが多くの悩みを抱え、不平や不満を語りながらも、なおかつ施設に対して期待し、信頼して生きている姿に、感動。施設生活の問題点や提言、社会的自立への不安や提言、さらには「施設で生活することがはずかしい」という意識について、建設的で創造的意見を述べた。継続を確認。
98名	全養協後援。北海道生活福祉部、美深町長、全養協副会長、北海道旭川児童相談所長各氏の来賓挨拶の他、全養協会長のメッセージおよび厚生省児童家庭局育成課長からの祝電が寄せられる等、私的な大会から公的な大会へと着実な歩みがなされ、量質ともにこの運動の広がりと深まりをみることができた。
197名	全養協主催。全養協の小野会長自らが挨拶に立たれ、厚生省児童家庭局育成課長のメッセージが読み上げられた。1989年11月、こどもの権利条約が国連で採択され、日本での批准が迫られ、「意見表明権」をはじめ「権利の主体者としての子ども」の人権が求められるとき、高校生交流会が公認された意義は大きい。
245名	厚生省の後援を得て、第1回・第2回の私的な大会から、全養協主催の公的な大会となった。第3回京都大会で獲得された成果をさらに確固たるものへ踏み固めるものとなった。厚生省の後援により、日本の養護施設総体の自己点検をし、自己改革を進める「高校生交流会」は、一層の公的性格を付与された。
231名	初めての大会宣言。参加者が会場にあふれ、アシスタント職員は野外にテントを張って実施された。第1回から第4回の大会の積み上げの上に、養護施設で生活する高校生の「公的な発言」を確保すべく、「大会宣言」。全国の養護施設で生活する高校生や施設職員へのアピールが高校生たちの手によってつくられ採択された。
229名	アジアの施設児童と交流。高校生自身による委員会活動導入。篤志家の寄付を得て、台湾、香港、韓国、シンガポールの4か国の施設入所児童を招待、高校生交流会終了後8施設でホームステイを実施。
226名	「高校生交流会運営委員会」を設置して実施。厚生省のご支援により、キリン財団および篤志家の寄付を頂いて実施。委員会活動・大会宣言継続、「子どもの権利条約」が日本で発効したことを受けて高校生によって討議。
130名	第7回北九州大会に参加した高校生が「施設内虐待」を告発、西日本新聞に大きく取り上げられたこともあり、全養協主宰、厚生省後援の「高校生交流会」は全養協執行部と厚生省の手によって急遽中止とされ、それに抗して、次につなぐために「非公式・鳥取フォーラム」として開催。
164名	1年間大会を休止して見直しの上「新方式」で実施。石川県養護施設連盟の努力により無事開催。「報告文」を出して終了（全養協執行部の高校生交流会の性格を高校生の夏のお楽しみ会に替えようとする動きとの折衷大会）。
150名	愛媛県では1992年から愛媛県中予児童福祉施設高校生交流会が毎年行われており、その基盤の上に今までの全国交流会のメンバーを中心とする実行委員会が組織され、成功裏に終了。
200名	全養協執行部運営委員長の地元での開催となり、第8回、第9回とかろうじて維持してきた「高校生交流会」運動は、いったん幕引きとせざるを得ないと判断。観光とお楽しみ中心の大会となった（第1回から中心を担ってきた藤野は不参加とした）。
1,910名	※1999年8月9〜10日、全国児童養護施設高校生交流会の再出発を期して、アシスタント関係者による東京セミナーを開催、2000年以降の開催について議論。主催団体をどのようにするかでまとまらないまま2000年東京で開催したが、続かなかった。

における子どもの権利、特に子どもの意見表明権の後退の象徴として歴史に刻まれることとなります。この高校生交流会に参加したこともある研究者の津崎哲雄氏は「『我々は子どもに必要な最善のことを知っている』という思い込みを信じて疑わない大人たちが提供してきた施設養護処遇が、いかに子どもの真のニードの充足からかけ離れた代物であったかということは、これまでの各交流会における高校生たちの発言が如実に示している[4]」と述べています。この運動は、子どもの意見表明を受け止める土壌が日本になかったゆえの早すぎた蜂起だったのかもしれません。

2 ● 高校生トロント交流会──カナダ・オンタリオ州アドボカシー事務所で子どもアドボカシーを学ぶ

　2015年、2017年には、日本キリスト教児童福祉連盟主催で第1回、第2回高校生トロント交流会を開催しています。この交流会には、それぞれ児童養護施設等で生活している高校生11名（第1回）、13名（第2回）と筆者を含めたスタッフ（児童養護施設職員）6名が参加し、1回目は10日間、2回目は11日間、カナダ・オンタリオ州アドボカシー事務所で子どもアドボカシーを学び、カナダの社会的養護経験者と交流しています（写真1～4）。

　訪問先をカナダ・オンタリオ州とした理由は四つあります。一つ目は、カナダは子どもの権利条約の起草過程および1990年子どものための世界サミット開催の指導的役割を果たしたことです。二つ目は、オンタリオ州アドボカシー事務所はカナダの中で最も長い歴史をもち、子ども専門の権利擁護・代弁機関としては世界に誇りうる実績を積み重ねていることです。三つ目は、オンタリオ州のPARC（Pape Adolescent Resource Centre）は、社会的養護を経験したスタッフが様々な自立支援プログラムを実施しており、そのスタッフとの交流ができることです。四つ目は、子どもアド

4　マイク・スタイン著、津崎哲雄訳『英国の社会的養護当事者の人権擁護運動史──意見表明による劣等処遇克服への歩み』明石書店、2014年、p. 383。

写真1　オンタリオ州アドボカシー事務所

写真2　アドボカシー事務所スタッフとアンプリファイアー

写真3　アーウィンの話を聞く高校生

写真4　アドボカシー実践を学ぶ高校生

ボカシーに精通しており、社会的養護における日本とカナダの架け橋である国際コーディネーターの菊池幸工氏がトロントに在住していることです。

　この交流会で高校生に期待したことは「子どもの権利の学び」「世界には同じ仲間がいる、ひとりじゃない」「視野（生き方）の広がり」「自分を解放し、新しい自分を発見し、可能性を見出す」「子どもの化学反応」「子どものエンパワメント」です。また、子どもアドボカシー、特に子どもの意見表明権について子どもと大人が学び、日本の社会的養護における今後の活動の参考にすることを目的としました。

3 ● 高校生トロント交流会の評価

　第1回高校生トロント交流会報告書[5]に記載されている評価の抜粋により、この交流会が参加した高校生たちに与えたインパクトがいかに大きいものだったか分かると思います。

　当時の筆者の感想は次の通りです。

　　　改めて「子どもには、無限の力がある！」と感じました。純粋無垢で、体験したことをスポンジのように吸収し、言葉や絵や文、体全体で表現します。むしろ大人よりもよく考え、発想豊かであることを共にいて感じました。決して美辞麗句ではなく、スタッフとして共にいたからこそ感じたことで、言葉ではうまく表現できません。

　　　今、参加した一人ひとりの子どもの顔を思い浮かべてこの文章を書いていますが、それぞれの経歴がありながらも明るく個性豊かな子どもたちが、海外という初めての経験、多くの人との交流、「子どもの権利」についての勉強、行動計画の発表などを通して、短期間で大きく成長したと感じています。子どもたちにとって、カナダの地や今回出会ったすべての人々は、自身の人生経験の物語の中に肯定的に組み込まれ、それをテコにして前に進んで行くぐらいの経験をしたと思っています。

　当時の目的に対する評価は、子どもたちのアンケートを中心に次のようにまとめられています。

　　①子どもたちに期待した結果はどうであったか

5　宮本和武・大塚哲司・藤野謙一・佐藤治美・坂本直子・伏見進吾編「日本キリスト教児童福祉連盟主催第一回高校生トロント交流会報告書」日本キリスト教児童福祉連盟事務局、2016年。この報告書は参加高校生およびその施設の許可により日本キリスト教児童福祉連盟加盟施設にのみ配布しており、一般には公開していない。

- 子どもの権利の学び

  権利への関心・意識が高まり、子ども・大人双方の学びの必要性があると参加者全員が認識した。

- 世界には同じ仲間がいる、ひとりじゃない

  国内だけでなく世界にも仲間がいることを実感。社会的養護経験者のスピークアウトを聞いたことで、困難な中でも前向きに歩んでいる生き方に刺激を受けた。自分を見つめ直し、自己の成育歴にも向き合う勇気が与えられた。

- 視野（生き方）の広がり

  カナダの実践をそのまま取り入れようとせず、日本の現状に「今何が必要か」を子どもたち自身が考えることができた。様々な生き方や考えを受け入れられるようになり、人の意見を肯定的に受け入れられるようになった。

- 自分を解放し、新しい自分を発見し、可能性を見出す

  カナダへ再び行く希望をもち、将来の夢ができた子どももいた。日本でもカナダでもケア経験者等の社会的弱者に対する社会からの差別や偏見があることを学び、そのうえで自分の可能性に目を向け未来志向の視点をもつことができた。

- 子どもの化学反応

  子どもたちの関係が大きく変化し、かけがえのない仲間だとお互いが感じられるようになった。オープンさ、認め合い、信頼感が共有できる関係になれた。

- 子どものエンパワメント

  事前研修と事後研修の様子や表情の違いは目を見張るものがあり、堂々と自信をもって発言することができるようになった。自分たちが何かを変えられる！という自信をもつまでに到達できない子もいれば、施設を変えたいと行動を起こした子どももいた。

②アドボカシー、特に「子どもの意見表明権」を保障する——今後の日本における展望

　日本の社会的養護において、アドボカシーや「子どもの意見表明権」についての認識や理解はまだまだ薄く、実践の積み上げは不十分であり今後も長い視点での取りくみが必要な課題だと言えます。アドボカシー事務所のアーウィン・エルマン所長は「（日本へ行った際）日本の児童養護施設職員の多くが愛情を口にし、献身的に働いていた。日本の施設はコミュニティができあがっており、子どもたちに所属感があったことも印象的だった」と日本の児童養護施設を評価されていました。そしてそのうえで、「カナダの実践をそのまま取り入れるのではなく今の日本に必要な取りくみを自分たちで考えて実践してほしい」とのメッセージを伝えてくれました。今回学んだカナダの取りくみを参考にしつつも、日本に適した実践方法をつくり出していくとの示唆を受け、私たちがこれから何を実行すべきかを考えさせられました。

　草の根的ではありますが、中堅研修[6]に参加した職員の方々が学んだことを各地で実践に移しておられ、そのような地道な活動が日本の社会的養護における「子どもの意見表明権」を守る道をつくっていくことにつながるでしょう。この取りくみの火が消えることのないよう、これからも様々な形で活動が広がっていくことを心から願っています。

　第2回高校生トロント交流会では、後で詳述するオンタリオ州議事堂での模擬公聴会の素晴らしさが報告書[7]の抜粋により分かります。

6　日本キリスト教児童福祉連盟で毎年開催している中堅職員研修。2016年1月19〜21日に熊本県にて、第1回高校生トロント交流会の報告会、シンポジウム、「子どもの行動計画」に対する応答として参加職員が「大人の行動計画」を作成するワークショップを行い、1年後にその評価を行っている。
7　大塚哲司・藤野謙一・佐藤治美・金岡美衣・坂本直子・伏見進吾・畑千鶴乃編「日本キ

当時の筆者個人の感想は次の通りです。

　今回も第1回交流会と同様に、子どもたち一人ひとりの成長を目の当たりにした。そして、今回の企画の目玉であるオンタリオ州議事堂での模擬公聴会は圧巻であった。第1回交流会もそうであったが、子どもたちは施設で生活する個性あるごく普通の高校生たちである。その高校生たちが、わずか数日で自分の意見（それも大人顔負けの意見！）を人前で堂々と言えるようになり、子どもたち主導で公聴会（それもオンタリオ州議事堂で！）を開催できるようになる。つまり、このトロントでのプログラム（人、環境、やり方）が、子どもたちの元々もっている力を引き出したのである。

　逆に言えば、日本でも条件さえ整えば同様のことができるという証である。公聴会に関しては、子どもたちは、自分の意見・気持ちを表明し、大人の意見・気持ちを聞き、「自分の意見を伝えられて良かった」「大人が自分たちのことをいろいろと考えてくれていることがわかって良かった」と感想を述べ、子どもと大人が「和解」をし、会場全体が一体となり「家族」になった瞬間であった。私はこれまで経験したことのないやり方で、「子どもの意見表明」の本質を体験し、興奮と感動を覚えた。

　「子どもの話を聞いて、大人の話を聞いてもらう」という当たり前のことができているということは、多くの施設職員にとって幻想であり、思い込みであることをまずは認め、「安心できる環境」で「子どもの意見・気持ちを最後まで口を挟まず聞き」「大人の意見・気持ちも聞いてもらう」ということをこれから実践していき、子どもの意見表明の本質を伝えていきたいと思う。

リスト教児童福祉連盟主催第2回高校生トロント交流会報告書」日本キリスト教児童福祉連盟事務局、2017年。この報告書は参加高校生およびその施設の許可により日本キリスト教児童福祉連盟加盟施設にのみ配布しており、一般には公開していない。

第2節　オンタリオ州議事堂で高校生主導の模擬公聴会

　第2回高校生トロント交流会では、第1回交流会に参加した高校生の目覚ましい変化を感じたアドボカシー事務所の皆さんのご尽力で、第1章第1節で菊池氏が紹介したOur Voice Our Turn Projectの公聴会と同じ場所（オンタリオ州議事堂の委員会室）、同じようなやり方で模擬公聴会を体験させていただきました（写真5、6）。アドボカシー事務所の皆さんは、日本の高校生の力を信じて、言葉で説明するよりも実際の公聴会を体験することによって、「自分（高校生）たちには意見を言う力がある。オンタリオ州で制度を変えた同様のことができる」「子どもと大人がパートナーになる」ことを伝えたかったのだと思います。ここでは、第2回高校生トロント交流会報告書から抜粋して、詳細にその様子を紹介します。なお、読みやすさを考慮し筆者の責において報告書を一部修正しています。

　〈2017年8月2日〉
　9：00〜　オンタリオ州議事堂に集合
　アドボカシー事務所のアーウィン所長が交渉しても警備員がなかなか通してくれず、厳格な雰囲気で手続きに時間がかかりました。子どもの一人は警備員に手錠を見せられ、それに対してアドボカシー事務所のスタッフが抗議をするという場面もありました。まずは州議事堂のツアーに全員で参加しました。
　9：30〜　州議事堂の見学ツアー
　英国風の伝統的な建築物でした。歴代の女性議員の写真が飾られ、「女性の権利獲得」のために意識的であると感じました。ツアー中は、州議事堂スタッフの写真を撮ることは禁止されており、少しでもカメラを向ける（当然、建物を撮る目的）と、「No！」と注意されました。
　10：00〜　公聴会準備
　子どもたちは、委員会室にてアドボカシー事務所のスタッフと一緒

写真5　カナダ・オンタリオ州議事堂　　　写真6　オンタリオ州議事堂委員会室で高校
　　　　　　　　　　　　　　　　　　　　　　　　生主導の模擬公聴会

に公聴会の準備。大人たちは、その間は待機。

10：30〜12：00　公聴会

　場所は委員会室で、テーブルには各自の名札が表示してあったり、各個人用のマイクがあったりしました。その切り替えはすべて州議事堂のスタッフが集中操作します。子どもたちが、着席して厳格な面持ちで、指示をされ大人たちは着席しました。議長席側と対面のプレゼンター席側に子どもたちが着席しており（子どもたちは2グループに分かれていた）、囲むような形で両サイドに大人が着席しました。一方にアドボカシー事務所のアーウイン所長とスタッフと通訳の菊池幸工氏、その対面に連盟の引率スタッフ（団長含む6名）です。少し離れたところに聴衆席が設けられていて、アドボカシー事務所のスタッフが多数来ていました。議長である子どもは、裁判長が持つハンマー（玩具）を持ち、まるで裁判所のようでした。

【公聴会開始】

　〔※便宜上、子どもが13名でA〜M、連盟スタッフが6名でU〜Zと表記します〕

　まずは子どもからの発言。

議長Ａ：ようこそ公聴会へ。ルール説明をします。話す人には発表の機会が与えられます。隣に座っている人は話さないでください。それは私たちの話を聴いてもらう時間だからです。すべての発表が終わった後、休憩を取ります。

　　〔※議長側の席にＢ～Ｇが着席〕

Ⅰグループの発表（Ｈ～Ｍ）

　テーマは、「職員の一貫性のない対応」についてです。

　問題は、子どもによって対応を変える職員がいる。また勉強をしないとトロントに行かせないという脅し方をする。子どもの意見を聴かないなどです。

　こうした対応を受けて感じたことは、うざい、怒り、悲しみ、諦め、苦しみなどの気持ちです。

　絵にしたらこんな感じです（自分たちで描いた絵を見せる）。

　解決策として私たちが考えたことは、すべきことをトレーニングしてもらう。第三者や専門家を呼んで、大人も子どもの権利を学んでもらう。子どもに対して、「してはいけないこと」をトレーニングしてもらう。大人と子どもが話し合うなどです。

〈質疑応答〉

質問者Ｂ：そのような対応を取られたときに、どうしてきたのですか？

回答者Ｉ：何も言いません。

質問者Ａ：なぜその絵にしたのですか？

回答者Ｊ：色に怒り、悲しみを込めました。ハートに赤や青の部分が気持ちです。

議長Ａ：ありがとうございました。席を移動してください。

　　〔※今度は、議長席側にＨ～Ｍ、プレゼンター側にＡ～Ｇに席移動。議長は交代〕

議長Ｈ：ルール説明をします。話す人には発表の機会が与えられます。隣に座っている人は話さないでください。それは私たちの話を聴いてもらう時間だからです。

〔※議長側の席にＩ〜Ｍが着席〕

Ⅱグループの発表（Ａ〜Ｇ）

Ⅱ−1

　私たちは携帯について話します。この絵は私たちの感情を絵で表現しました（写真7）。まず問題点として、私たちの施設は他と違って、11時以降携帯を使えません。

　そこからの感情として怒りがあります。

　解決策としては、大人だけではなく、子どもと納得するまで話し合ってほしいです。

Ⅱ−2

　私たちはスタッフの気持ちによって、スタッフの対応が変わることを話し合いました。

　このようにスタッフの気持ちによって対応が変わることで、私たちは悲しくなったり、イライラしたりしました。

　これについての解決策は、それを知ること、スタッフ一人ひとりが集団に所属していることを自覚する必要があります。これで発表を終わります。

Ⅱ−3

　まずこれから話すことは身近なことではないかもしれないですが、聞いてほしいです。昨日、意見を交換する時間を設けました。そこでいろんな人の意見を

写真7　高校生が感情を絵で表現（携帯電話）

聴いて、皆が平等でなければいけないと思いました。現在では、施設にいる子と、一般家庭の子ではまだ溝があると感じています。例えば、社会の目や、大人の対応、お金の使い方などが挙げられます。

　改善策は、施設や里親を受け入れていく必要があると思います。私は施設に対する偏見や対応が変わっていくことで、施設や里親の子どもが暮らしやすくなることと、社会が変わっていくことを期待します。ご清聴ありがとうございました。

Ⅱ－4

　僕の感じている問題は、自分たち施設の子どもたちが自分の施設に入っていることを、世間、周りに言うのが恥ずかしい、悲しいと思っていることが問題だと思っています。こう考えていると、アシュリーとジェイムズが丁寧に教えてくれました。この問題は、カナダでも多く実感していると知りました。僕はカナダに来ることで、自分たちは施設に入っていることを誇らしく思う行動を知りました。その行動は、自分の言葉で自分たちのことを話すということです。それをすることにより、自分たちの自信にもつながるし、施設に入っている子どもの見方が変わってくれたらなと思いました。

　それを絵にしてみました（写真8）。

写真8　高校生の感情を絵で表現（施設生活を誇る）

　この絵は、悲しいから幸せに変わっています。その間に矢印があり、その意味は、自分たちによって話すということが書かれています。だから僕たちは施設に入っていることを誇らしく思うことが大切だと思いました。ありがとうございました。

〈質疑応答〉

質問者J：CさんとDさんはスマホ（本体代、サービス料金も）は自己負担なのですか？

回答者C：私はバイトをしてすべて自分のお金で払っています。

回答者D：私は本体はレンタルで、月の支払いは自分でしています。

質問者K：Aさんに質問します。周りに自分たちのことを話して、自信をつけると言っていましたが、もし話すとしたらどういうことを話そうと思いますか？

回答者A：僕もその考えだったが、話すことによって、施設って何？とか、施設にいる子を勇気づけるんじゃないかな、それをトロントで学びました。

質問者I：携帯について質問です。大人が携帯を取り上げるのは、何らかの理由があると思いますが、その理由を大人に聞いたことがありますか？

回答者D：ないです。

回答者C：11時と決められているのは、理由があるから今は我慢しています。理由は分かっています。お金の使い過ぎになるから、そこを自分でも直していきたいと思います。

L：自分が思っていることを、言ってくれてスッキリしました。ありがとうございました。

H：いろいろな意見が出て良い公聴会になったなと思いました。

M：それぞれの人がいろいろな意見をもっていることが分かりました。自分の施設にあることは他の施設でも同じ問題があると思いました。

　　〔※休憩→子どもたちだけで進行の打ち合わせをするため、大人は部屋の外へ出る〕

　次に大人からの発言。

議長A：ようこそ公聴会へ。ルール説明をします。話す人には発表の機

会が与えられます。必ず3分以内に話してください。隣に座っている人は話さないでください。それは私たちが聴く時間だからです。すべての発表が終わった後、休憩を取ります。

スタッフUさん

　自分の施設について話します。施設は10年前に建てられました。そこは新しく来た人には生活しづらい地域で、施設に対する理解がありません。さらに日本のドラマで児童養護施設が取り上げられる中で、職員から子どもへの虐待、施設内外でのいじめ、適切な食事が食べられない、破れた服を着せているなど、実際の児童養護施設とは違う内容で、偏見や差別が助長されます。特に学校では3〜5年で先生の異動があります。施設の説明をしても、教員の異動で適切に引き継がれず、児童養護施設への無理解、無関心が強いです。児童養護施設で暮らす子どもや職員までもが地域や学校から軽視されることがあり、一般家庭では見られないようなことがしばしばあります。今から例を挙げます。物がなくなったとき、真っ先に事情を聴かれる、それが無実でも謝ってもらえない、宿題をやらない、忘れ物をしたなど、学校の成績が悪いと一番前の席に座らせる、学校でのいじめがあって教員に相談しても、あなた方にも悪いところがあると言われる、こうした困ったことを子どもたちが職員に相談してくれることが救いです。学校での不適切な扱いについて闘っていきます。

スタッフVさん

　施設で暮らす子どもたちの家族へのサポートについて話そうと思っていました。これまで私は子どもの家族に対する思いを聴いて、自分の家族とどのように付き合えばよいか一緒に考えたいと思っていました。「あなたにとって家族とはどういうことを指しますか？」とアーウィン所長から聞かれました。あなた方はどう思いますか？　私は年齢を重ねるこ

とで考えが変わってきたのですが、家族とは血のつながりではなくて、何かあったら助けてくれる存在、そう思うようになりました。そう思ったときに自分が働く施設で、子どもとそういう関係をつくりたいとずっと思ってきました。自分の家ではないですが、施設を家族と思ってもらえるような職員としてありたいと強く思いました。でもさっきの皆さんの意見を聴いて、職員の一貫性のない対応など、日本で子どもたちが安心して暮らせる施設になっていないと感じました。職員も完璧ではないから、皆さんと向き合うことが怖かったり、伝え方が上手ではなかったりするときもあります。皆さんに非はないけど、周りのしがらみに沿った選択をすることもあります。そんなときは、大人を叱ってほしい、子どもからどうしてそんなことしたの？って声を挙げてほしいと思います。

スタッフWさん

　私は大学進学について話します。大学進学にはたくさんのお金が必要ですが、施設が全額負担できないので奨学金に頼らないといけません。しかし奨学金は希望者全員ではなく、金額の制限などがあり、受けられなければ、進学自体を諦めないといけない状況にあります。奨学金によっては専門学校が対象外など、進学を諦めないといけないこともあります。奨学金もなく、支援が受けられなくなる子どもが、仕事を見つけ、住まいを見つけることは容易ではありません。家族から支援が受けられる子どもと施設で暮らす子どもの不平等さがあります。また全国の施設、地域によって進学に関して不平等があります。日本全国どこに住んでも、平等にお金が行き渡るよう働きかけていくことが大切だと思いました。

スタッフXさん

　僕は父が社会福祉の仕事をしている関係から、ホームレスの町にいたり、児童養護施設の中で暮らしたりしました。当時、父が行き場のない

人を連れて来て、一緒に暮らすこともありました。大学進学をして初め
て施設を出て友人と話し、カルチャーショックを受けました。それは、
僕が関わってきた人の話をしても誰も理解してくれなかったことです。
このとき、僕の経験を生かして、皆が平等に生きていける世界をつくろ
うと決心しました。

　今、日本の児童養護施設などで重要なことは、特定の大人がその子に
寄り添って、その子のために居続けることだと思います。しかし、今の
問題としては職員が「仕事として割り切る」ということが起こっていて、
ひとりの人間としてその子に向き合うということがなくなりつつありま
す。僕はそれを解決するために三つのことに取りくみます。

　一つ目は、子どもたちをひとりの人間として大切にする職員を育てる
こと。二つ目は、高校生交流会などでみんなの声を施設に届けて、施設
改革をすること。三つ目はその声を大きくして政府に届けて社会システ
ム改革をすることです。そして最後にアドボカシー事務所のような機関
をつくりたいと思っています。

スタッフYさん

　先ほどの皆さんの話を聞いて感動しました。なぜ心を強く動かされた
かというと、自分が子どもたちに伝えたいと思っていることを、そのま
ま子どもたちが言ってくれたからです。私が子どもたちに伝えたいと
思っていることは、今施設で生活しているあなたたちは自分の家庭で暮
らしている子どもたちよりも大変な経験をして施設にたどり着いた。生
きているだけですごいと感じることもある。それなのに普通に学校に
行って頑張って勉強していることは実はすごいことなんだと。そんな自
分自身に自信をもって、自分を誇りとしてほしい。でも自分のことをど
う思うかは、人から言われて変えられるものではなく自分自身がそう思
えるかどうかです。私はそのことを子どもたちに伝え続けていきたいで
す。皆さんにも周りの同じような状況にある子どもにこのことを伝えて

ほしいと思いました。

　残念ながら、施設を出て大人になっても、自分に自信がもてない人が
たくさんいます。私はその人たちの声を少しでも拾って、自立支援に力
を入れ少しでも力になっていきたいと思っています。

スタッフＺさん

　私は自分の施設に来る子どもに対しての考え方を話します。同じ釜の
飯を食う仲間、一生の付き合いと思っています。幸せな生活をしてほし
いと願っています。年齢が違っても人と人との付き合いと思っています。
ひとつの例を話します。ある卒園生から電話がありました。泣いていて、
助けてくれということでした。彼は飲酒運転をしてしまいました。悪い
ことをしました。事故を起こしてしまったということです。そのときに、
悪いことをしたことを自覚してもらい、それから再起に努力することを
約束してもらいました。そこには問題があり、相手への損害賠償、交通
違反のために保険がおりないという問題、彼のけががありました。何度
かの手術がありましたが、そのための医療費がなかったのです。最初聞
いたときは無理だと思いました。彼のしたことは悪いことだったが、何
とかしたいと思いました。まだまだ人生を諦めてはならないと思いまし
た。医療ケースワーカーとも相談し、市役所で生活保護の申請をしまし
た。悪いことをした人には出さないと言われました。そこで二人で何と
かしてほしい、再起を約束してお願いをしました。そこで信用を得て生
活保護で生活できるようになりました。彼は40代、公的な権限もない
僕に頼ってきました。3年経って社会復帰しました。共に生きるとは、
一生のつながりとは、そういうことと思っています。

〈質疑応答〉

　質問者Ａ：Ｗさんに質問です。施設にいる子どもだけでなくて、一般家
庭でも困っているはずですが、どう考えますか？

回答者Ｗ：もちろんどの家庭でも困っていると思うが、どの子どもたちにも受けられるようになったほうがよい。しかし、教育ローンは一般家庭では受けられる。施設では教育ローンが組めないことがある。ローンも組めない、奨学金もないという状況が施設では生まれるので、こうした発表をしたのです。

Ａ：感想は、大人の言っていることを聴いて、大人が悪いとか、社会が悪いとか、人のせいばかりにしていたけど、もっと愛をもった言い方とか、自分たちもできるんじゃないかなと思ったので、大人たちの意見が聞けて良かったです。

質問者Ｊ：Ｕさんへ。施設にいるからこういう対応されるということでしたが、対応されることで、施設にいることが周りにばらされているということですか？　子どもが施設にいることを学校に伝えなくても、それが学校やクラスの仲間が分かっているということですか？
回答者Ｕ：そんなことはないが、他の家庭と比べて、施設に対しての当たりが強いと感じる。中学校くらいまでは学校へ施設が伝えるようにしているので、クラスでも分かっている子どもが多いが、高校以上になると自分で言うかどうかを決める。

質問者Ｊ：Ｘさんへ。カルチャーショックとは何ですか？
回答者Ｘ：いろいろな人たちがいたけど、社会に出てそれが違っていた。みんなの感覚が違っていて驚いたということです。

議長Ａ：他にありますか？
Ｉ：私も感想ですが、子どもはすごい生意気で自分勝手なのに、施設も違うけど自分と一緒に過ごしてくれて、皆さんに感謝の気持ちでいっぱいになりました。

質問者Ｂ：Ｕさんへ質問です。偏見がすごいということがよく伝わってきて分かりましたが、この10年の中でずっと住民の理解が得られなかったのですか？

回答者Ｕ：うちの施設は、住民の方に施設行事へ参加してもらったりしています。そうすることで表面的にはつながりができてきたようにも思います。でも、昔から住んでいた人たち同士のつながりが強くて、あからさまにではないが、新参者を排除するような雰囲気があるように思います。

Ｈ：うちらは不満ばっかり言っていましたが、大人の話を聞いて、考えてくれているんだなと思ったし、悪いことばかり探すのではなくて、良いところがたくさんあるから、それを探すことが大事かなと思いました。

議長Ａ：では、アーウィン所長よりお願いします。

アーウィン所長：日本のユースはとても力強いと思います。日本のスタッフも皆さんも同様に力強い人ばかりです。今日発表する前に、大人たちも実は、がちがちに緊張していました。その緊張を乗り越えてお話しをしました。私は日本のユースを信頼しているし、日本のスタッフを信頼しています。大人もユースもどちらも、何かを変えていきたいという気持ちがあることが分かります。

　皆さんは自分たちの住んでいる施設で、家族のようにつながっていると思いました。皆さんが変えたいと望むところは、皆さんと大人が一緒になって変えることができます。これからもずっと子どもと大人が話しながら、変えていく努力をしてください。

議長Ａ：では、最後に、クマさん（大塚団長のこと）お願いします。

大塚団長：子どもたちの生の声が聴けてとても良かったと思います。みんなで話し合って、変えていかなければならないことを、変えていけれ

ばと思います。

　このような会を開けて、とても感謝しています。皆さんと話せたことも感謝しています。日本に帰っても、他の仲間たちに伝えようじゃありませんか。そして変えていきましょう！

　今日はアドボカシー事務所のスタッフの皆さん、このような場を僕たちに与えてくださいまして、どうもありがとうございました。みんな頑張ったね。ありがとう！

　拍手禁止の州議事堂ですが、部屋にいる全員の大きな拍手が鳴り止みませんでした。

第3節　模擬公聴会に参加した意義

　筆者は、この模擬公聴会の臨場感を皆さんに伝える術を知りません。その感動を伝えるために、もう少し説明を加えます。この模擬公聴会中、通訳の菊池氏は涙ぐみながら通訳をしており、我々スタッフも涙しながら話しました。この交流会の事前研修で初めて高校生と出会ったとき、正直なことを言うと「今回、参加した高校生たちは第1回交流会のように目覚ましい成長をするんだろうか？」とスタッフ全員が疑っていました（第1回交流会に参加し、アドボカシーを深く学んでいるのに！）。その高校生たちが目の前で、堂々と話している姿を見て感極まったのです。スタッフ6名は、この模擬公聴会で意見を言うために原稿を準備していましたが、そんな準備をしてきた原稿を読むだけでは高校生たちに伝わらないし、失礼であるとその場で自己判断し、内容も変えて心に思っていることを語りました。

　第1部、第3部でも述べているように、2019年にアドボカシー事務所は新政権により突然、閉鎖させられました。今思えば、第2回交流会の参加者と研究者として同行した畑氏は、日本人として最初で最後のアドボカシー事務所の公聴会のやり方を実体験して学んだ者となります。第1回交

流会も含め、参加した高校生たちは日本の社会的養護の宝だと言っても過言ではありません。

　オンタリオ州議事堂で模擬公聴会を経験した高校生たちは、自分たちには声がある、自分たちの声で変えていくことができると信じて、帰国後すぐに行動を起こしていきました。そして、子どもと大人がパートナーとなり、大人は子どもが行動に起こそうとすることを常にそばで支え続けました。このような手法と意識変革は、オンタリオ州で学ばなければ、自分たちだけではできなかったことだと実感しています。

　2018年にはこの模擬公聴会に参加した高校生とスタッフがキャラバン隊を結成し、2施設に訪問してアドボカシー事務所のやり方で子どもの権利に関するワークショップ（対象は子どもと職員）を開催しています。筆者は、2018年3月に高校生3名と一緒にキャラバン隊を結成して施設訪問をしています。このとき初めて子どもの権利に関するワークショップを企画から運営・進行まで高校生と一緒に行っています。その後、高校生トロント交流会に参加した高校生とスタッフが中心となり、日本でアドボカシー事務所の手法を取り入れて実践すべく全国インケアユースの集いへと発展していきます。その方法については、次の第2章で説明します。

全国インケアユースの集いへの発展

日本での模擬公聴会（意見交換会）

・・

第1節　全国インケアユースの集いの取りくみ

　2018年、2019年、2022年に高校生トロント交流会に参加したメンバー（ユースリーダーとスタッフ）が中心となり、全国インケアユースの集い（第1回は金沢市、第2回は鳥取市、第3回は御殿場市）が開催されています。前述した全国養護施設高校生交流会の膨大な資料を読み込み、その課題解消も含めてアドボカシー事務所の手法を用いて企画したものです。第1回の企画会議はスタッフのみで話合い、企画案に対してユースリーダーに意見を聞いて運営・進行をユースリーダーとスタッフで実施しましたが、第2回と第3回は企画段階でユースリーダーが参加し激論を交わして企画・運営・進行をユースリーダーとスタッフで実施しています。

　高校生トロント交流会の報告会を日本で行った際、多くの人から「カナダという特別な場所で、10日間という時間があったからこそ、子どもたちはここまで変化し、意見表明ができるようになったのではないか。今後日本国内で、それも短期間に同じ成果を求めるのは難しいだろう」といった多くの感想がありました。また、企画会議のとき、日本で継続的に実施するには2泊3日（ユースリーダーとスタッフは前日準備のため3泊4日）が限界という結論となり、参加した高校生がトロントでの模擬公聴会のように意見表明ができるようになるのか、ユースリーダーもスタッフも半信半疑でした。しかし、「日本でもきる！」と誰もが実感した結果になったと

思います。ここでは、第2回鳥取大会（2019年8月5〜7日、民営国民宿舎ニュー砂丘荘）について紹介します[8]。なお、説明は日本キリスト教児童福祉連盟主催第2回全国インケアユースの集い報告書を参考にしています。

1 ● 趣意書・企画・要項

企画会議（ユースリーダー、スタッフ）をして企画材料を集め、担当者（趣意書・要項・プロジェクトシート作成、会場・設備、参加者取りまとめ、ユースリーダー取りまとめ、記録、報告書、撮影、レクリエーション、保健、会計）を決めて、今後のスケジュールを決めています。

趣意書案・プロジェクトシート案・要項案を2019年3月31日までに作成し、ユースリーダーやスタッフの意見によって、修正を重ねて完成させています。

第2回鳥取大会の趣意書は以下の通りです[9]。

〈趣意書〉

1. 「高校生トロント交流会」から、「全国インケアユースの集い」へ

日本キリスト教児童福祉連盟（以下、連盟）の企画で、2015年と2017年に高校生トロント交流会（以下、交流会）を開催した。交流会の目的を①子どもの権利の学び、②視野（生き方）の広がり、③子どもの化学反応、④子どものエンパワメント、⑤世界には同じ仲間がいる、一人じゃない、⑥自分を解放し新しい自分を発見（可能

8　第2回インケアユースの集い鳥取大会には、大久保真紀氏（朝日新聞）も参加し、そのルポはインターネット上で公開されている。大久保真紀　朝日新聞編集委員社会担当（2020年10月3日）「論座『子どもアドボカシー』を知っていますか？」。https://webronza.asahi.com/national/articles/2020092900006.html?page=2（最終アクセス日：2022年11月17日）

9　第2回全国インケアユースの集いスタッフ編「日本キリスト教児童福祉連盟第2回全国インケアユースの集い報告書」日本キリスト教児童福祉連盟、2019年。この報告書はユースおよびその施設の許可により日本キリスト教児童福祉連盟加盟施設にのみ配布しており、一般には公開していない。

性を見出す）としたが、その成果は大人が予想した枠をはるかに越えるほどに子どもたちは大きく成長した。

　第1回交流会後の活動として、子どもたちによる「子どもの行動計画」、それに呼応して施設職員による「大人の行動計画」を立案（詳細は、第1回交流会報告書）。一年間の施設による権利擁護活動の実践発表をし、「権利ベースの文化を築くには」の方策を議論した。その後、第2回交流会、第1回、第2回権利擁護研修へとつながり、2018年には国内にて第1回全国インケアユースの集い金沢大会（詳細は、報告書）を開催した。

2.　全国養護施設高校生交流会（1988～1999）の振り返りと本企画への発展

　全国養護施設高校生交流会（1988～1999）の膨大な資料を読むと、「人間の尊厳」のために、先人たちの命をかけたと言っても過言ではない多大な労苦を感じた。それは、「子どもの権利条約」が国連で採択される前に実行されており、この取り組みがあってこそ、今の一部の施設が「子どもの権利」を大切にして営まれていることにつながっている。しかし、この歴史は早すぎた蜂起がゆえの挫折とも捉えることができ、逆の見方をすればこの挫折が多くの施設が旧態依然としたままで残された形となっていることも認めざるを得ない。この歴史的なことをたどってみると、「新しい社会的養育ビジョン」（2017年8月2日）は突然出てきたものではなく、施設に対する諦めも含む施設悪論が喚起されてきたものとも考えられる。

　発起人であり、中心的に行ってきた藤野興一氏のまとめ文である「『全国養護施設高校生交流会（1988～1999）』（子どもの声を大切に）への取り組み」を読むと、子どもの権利に関して「子どもの声」が昔と今と変わっていない様子が書かれていると同時に、全国交流会が大事にしていた考え方はトロント交流会の考え方と同様で

あることがわかる。当時は、準備・組織化・報告書作成等の資料が膨大となっており、かなりの時間・お金・労力を使っている。これは、「子どもの権利」がまだ日本で普及していない時代ということと、手法も手探りの中で実行していることに起因している。今の時代に同様のことをするのは継続性という観点では難しい。「子どもの権利」が当時より普及している今の時代にあって、トロントでの交流会や全国インケアユースの集い金沢大会での学びを得た本企画は、過去の高校生交流会の発展型と考えることができる。

3.「子どもの権利条約」と「権利ベースの文化」の醸成

　2016年6月3日、改正児童福祉法に「児童の権利に関する条約（子どもの権利条約）にのつとり」と記載された。子どもの権利条約は国連の条約であって「法的な枠組み」とはなっていないため、社会的養護をはじめ社会や制度に「権利ベースの文化」を築く必要がある。社会的養護の子ども（あるいは出身者）の声は重要であり正当であるという「権利ベースの文化」という概念が非常に重要となる。トロントのアドボカシー事務所のような第三者機関がこの文化を創生・促進する役割となるが、日本にはいまだ存在しない（2019年4月現在）。したがって、本企画は「権利ベースの文化」を醸成する一役を担うことが期待される。

4.　アドボカシーの定義

　本企画では、アドボカシーの定義を「（社会的養護の）子ども（ユース）とパートナーを組んで、彼らの抱える問題を表に出し、彼らと一緒に問題の解決策を探る事。そこでのキーワードは「パートナー」で、それにより変化を創生すること」（アーウィン・エルマン）とする。

　つまり、子どもたちの権利を守るために、コミュニティ全体が一緒になって子どもたちを支援し、子どもの「声」を探す手助けをす

る。その際「私たちのことを、私たち抜きで語るなかれ」の原則を必ず守る必要がある。そして、その活動は、子どもを不適切に扱う社会や制度の不正義を正すことであり、そのために社会の大きな制度に挑戦し、社会の変化を創造することである。ただし、アドボカシーは変化への触媒であって、変化を起こす仲介人・代理人ではない。そして、最終的には子どもを管理から解放し、自分の人生を取り戻すのである。忘れてはならないことは、アドボカシーとはツールやスキルではなく、ライフスタイルそのものであるということである。

5.　本企画の方向性とビジョン

　以上のことより、本企画の方向性とビジョンは以下の通り。

（1）企画・運営者

　第１回、第２回交流会に参加した子ども（ユース）と大人を中心に企画し、運営する。

（2）内容

　児童養護施設等で生活する子どもが集うことで、個々の成長（目的は以下）を軸として、アドボカシーの定義に従って子どもと大人がパートナーとなり、「権利ベースの文化」をつくり上げていく。①子どもの権利の学び、②視野（生き方）の広がり、③子どもの化学反応、④子どものエンパワメント、⑤世界には同じ仲間がいる、一人じゃない、⑥自分を解放し新しい自分を発見（可能性を見出す）

（3）今後のビジョン

「施設は悪い環境で、施設改革しなければならない」という考えを前提にするのではなく、子どもと大人がパートナーとなり、共に悩みながら次への展開をしていく。そのためには、この企画を続けていくことが重要で、参加した子どもと大人が次へと引き継いでいくことが求められる。この実践の積み重ねの結果として、「権利ベー

スの文化構築」「施設改革」「制度改革」「第三者機関の設立」等へ
つながっていくことが期待される。

〈参考文献〉
・宮本和武、大塚哲司、藤野謙一、佐藤治美、坂本直子、伏見信吾　編集
　（2016）「日本キリスト教児童福祉連盟主催第一回高校生トロント交流会
　報告書」日本キリスト教児童福祉連盟
・大塚哲司、藤野謙一、佐藤治美、金岡美衣、坂本直子、伏見信吾、畑千鶴乃
　（2017）「日本キリスト教児童福祉連盟主催第2回高校生トロント交流会
　報告書」日本キリスト教児童福祉連盟事務局
・第1回全国インケアユースの集い実行委員（2018）「日本キリスト教児童福
　祉連盟第1回全国インケアユースの集い報告書」日本キリスト教児童福
　祉連盟事務局
・畑千鶴乃、大谷由紀子、菊池幸工（2018）『子どもの権利最前線　カナダ・
　オンタリオ州の挑戦――子どもの声を聴くコミュニティハブとアドボカ
　シー事務所』かもがわ出版
・藤野興一（2014）「『全国養護施設高校生交流会（1988～1999）』（子どもの
　声を大切に）への取り組み」

2 ● 参加者募集

　参加者申し込みでは、参加ユースに事前作文「『全国インケアユースの
集い』に期待すること」（字数制限なし。自分の言葉で自由に思いを書いてく
ださい）を求めています。これは決して優秀かどうかのふるいにかける目
的ではなく、そのユースの人柄を理解するためです。ユースが参加する会
でよくあることは、「うちには参加させられるような子どもがいない」と
施設職員が制限をかけてしまう場合が少なくありません。優秀な子どもだ
けが参加する会ではないので、誰でも参加できる工夫をすることが必要で、
ユースリーダーが作成したユース向けの分かりやすい募集チラシを作成し
ています。

　ユースが参加するときには、必ずその施設から最低一人の引率職員が参加することを求めています。趣意書にもあるように、キーワードは「パートナー」だからです。子どもの権利・子どもアドボカシーについての学びは、座学の研修や専門書を読むよりもユースと一緒にワークショップなどで学び、ユースがエンパワーされていく過程を体験し、ユースの生の声を聞くことが効果的であると思います。

3 ● 準備（前日準備含む）

　宿泊場所はとても重要な要素で、観光地である鳥取大砂丘が目の前に広がるところにしました（写真9）。高校生トロント交流会でも「カナダに行ってみたかったから申し込んだ」というユースもいたので、参加動機の入り口はそれでもいいと思います。仲間との楽しい思い出づくりの中で、安心感が生まれ、エンパワーされ、新しい自分を発見するのだと思います。

　宿泊施設は、部屋・融通・食事・風呂が重要となります。部屋はユースと大人が一緒にワークショップなどができる広い部屋が必要です。また、ユースと大人が分かれて活動できる部屋が二つ必要です。活動はユースのペースがあり、予定時間内に終わらないこともあります。夜遅くまで続くこともあるので、活動する部屋の使用時間が融通のきく宿泊施設がベストです。各個人部屋も参加するユースの諸事情に合わせた部屋割、部屋選び（トイレ、風呂付など）も配慮が必要です。ユースのアンケートでは、部屋、食事、風呂（温泉）といった「生活」に関わることは重要な要素であることが印象的でした。施設生活でも同じですが、いきなり学びや意見から入るのではなく、まずは環境が重要だと思います。

写真9　宿泊施設から見える鳥取大砂丘

　前日準備では、ユースリーダーとスタッフが「最終日の意見交換会（高校生トロント交流会の模擬公聴会と同様）に向けての準備で、ユースのサポートをするのにユースリーダーのみでやるのか、スタッフも入るのかどうか」について対等に激論を交わしています。参加ユースが9人に対しユースリーダーが4名のサポートでは最終日の意見交換会に間に合わないかもしれないこと、ユースの意見を出す場に職員であるスタッフがいないことが理想であることが論点でした。ユースリーダーの中でも意見が分かれ、結局、意見交換会の準備までのユースの様子を見て、サポート体制を決めることになりました。結局、当日はユースリーダーと話し合ってスタッフが4名入ることになりました。あとは各プログラムの担当（ユースリーダーとスタッフがペア）に分かれて打ち合わせをし、プログラムの進め方や順番を変えるなどしています。

4 ● 当日プログラム

　プログラムは、最終日の意見交換会を成功させることを目的に組み立てられています。このとき重要なことは、参加したユースが楽しい雰囲気の中で安心して意見が言えるようになることです（写真10）。

　プログラムを立てるときのポイントは三つあります。一つ目は、子どもと大人が一緒に楽しくワークショップ方式で子どもの権利を学ぶことです（写真11）。

写真10　レクリエーションで「砂の美術館」　写真11　子どもの権利を学ぶワークショップ

写真12　子どもの権利条約エクササイズ発表準備

合間に楽しいアイスブレイクやレクリエーションを入れて、子どもと大人が一体感を感じると安心感が生まれます。

　二つ目は、最終日の意見交換会を目標にして、ユースが徐々に人前で意見が言えるようになることです。プログラムでは、楽しく子どもの権利を学ぶワークショップの中で自然な形で意見を言える場面をつくります。そして、ユースリーダーの発表やスピークアウトをモデルとして、子どもの権利条約エクササイズ（子どもの権利条約の条文の中から自分の生活に即した興味のあるものを選んで、模造紙にまとめる）を経て子ども同士で発表し合い、最終的に大人の前で発表します（写真12）。これが意見交換会の前哨戦となり、人前で意見が言える自信になります。

　三つ目は、子どもの状態（疲労、集中力、人間関係、自信など）をユースリーダーとスタッフがよく観察して、最初に机上でつくったプログラムがあっても臨機応変に変更することです。表2のプログラムは変更したものです。

表2　第2回全国インケアユースの集いプログラム

※日程：2019年8月5日（月）〜7日（水）／会場：民営国民宿舎　ニュー砂丘荘（鳥取市）

月日	時間	プログラム	会場
（第1日目） 8月5日	13：00〜	受付	3F大広間
	13：30〜14：00	開会礼拝	
	14：00〜14：30	オリエンテーション	
	14：30〜15：15	アイスブレイク・自己紹介	
	15：10〜15：25	休憩	
	15：25〜15：40	「子どもの権利」を学ぼう1	
	15：40〜15：50	休憩	

	15：50〜17：00	「子どもの権利」を学ぼう2	
	17：00〜18：00	各部屋へ荷物移動・自由	
	18：00〜19：00	夕食	1F大食堂
	19：00〜19：15	アイスブレイク	
	19：15〜20：50	子どもの声（先輩ユース） ・第1回高校生トロント交流会報告 ・アイスブレイク（眠気覚まし） ・スピークアウト・アイスブレイク（眠気覚まし） ・第2回高校生トロント交流会報告 ・スピークアウト ・休憩 ・第1回インケアユースの集い金沢大会報告	3F大広間
	20：50〜21：30	子どもと大人が分かれて「分かち合い」	3F大広間
	21：30〜23：00	入浴等・自由	2F温泉
	23：00	就寝	
（第2日目） 8月6日	7：00〜8：00	朝食	1F大食堂
	8：00〜12：00	レクリエーション（鳥取砂丘散策）	1Fロビー集合
	12：00〜13：00	昼食	1F大食堂
	13：00〜14：00	休憩	
	14：00〜15：15	〈子ども〉 子どもの権利条約エクサ サイズ 〈大人〉 「子どもアドボカシー」を 学ぶ	〈子ども〉3F大広間 〈大人〉3F大広間
	14：50〜15：00	休憩	
	15：15〜15：40	子どもの発表	3F大広間
	15：40〜16：10	休憩	
	16：10〜17：45	〈子ども〉 ・アイスブレイク ・意見交換会準備1 〈大人〉 意見交換会準備1	〈子ども〉3F大広間 〈大人〉3F大広間
	17：45〜18：00	休憩	
	18：00〜19：00	夕食	1F大食堂
	19：00〜21：00	〈子ども〉 意見交換会準備2 〈大人〉 意見交換会準備2	〈子ども〉3F大広間 〈大人〉3F大広間
	21：00〜21：30	レクリエーション結果発表	3F大広間
	21：30〜23：00	入浴等・自由	2F温泉
	23：00	就寝	
（第3日目） 8月7日	7：00〜8：00	朝食	1F大食堂
	8：00〜8：40	チェックアウト、荷物移動	3F大広間
	8：40〜9：00	〈子ども〉 意見交換会準備3 〈大人〉 待機	

9：00〜10：30	意見交換会	
10：30〜10：40	休憩	
10：40〜11：40	分かち合い	3F大広間
11：40〜12：00	閉会祈祷会	

第２節　ユース主導の意見交換会

1 ● 意見交換会の準備

　最終日の意見交換会の準備は、子どもと大人に分かれてやります。

　子どもグループは、ユースリーダーとスタッフがサポートします。意見交換会の流れや目的の説明をして、子どもが各自で自分の主張したい意見や考えをまとめます（写真13）。その後、一人ずつ発表したい内容の概要を発表し合い、意見が類似しているグループに分けて一人で発表するのかグループで発表するのかを決めます。二つのグループに分けて、それぞれの議長を決めます。発表は、模造紙を使ってもよいし、言葉による発表だけにこだわらず、絵や踊り、歌など、内容は自由であり、それぞれの特技を生かして発表準備をします。会場準備、席の並び、発表の順番決め、ネームプレートの準備をしてリハーサルを行います。準備から本番まですべてが子ども主導で意見交換会は行われます。本番直前にユースリーダーが皆を集め円陣を組み、かけ声をかけてチームとしての一体感を高めてか

写真13　ユースの意見交換会準備

ら意見交換会に臨みます。

　大人グループは、子どもアドボカシーや子どもの権利についての考え方を学び、意見交換会で発表する 3 分間スピーチを各自で考えます。なぜ 3 分間しか話せないのかというと、大人は子どもよりも長く話す傾向があるからです。大人が子どもの声を聞き、意見を言うときの心構えを筆者が以下のように話しました（写真14）。

　　明日、子どもたちが話をします。聴いてもらうことが大切で、すぐに効果が出なくても、声を発したことで、経験することで、その子どもたちの人生は変わっていくはずです。大人にダイレクトに伝える理由は、子どもたちが「目に見えない存在ではなくなる」からです。明日、皆さんがそれを聴くことになります。「子どもたちが声を発し、意見を言えば、子どもたちの思いが分かる」ということを大人から子どもに伝えましょう。そして、皆さんにも声があります。明日、高校生やユースリーダーたちが意見交換会を開き、彼らがパネラーになって意見表明しますが、皆さんも、そこで意見表明することができます。皆さんにも声があるからです。

　　今から皆さんに、明日の意見表明で何を話すかについて考えてもらいます。3 分間で高校生とユースリーダーたちに分かる言葉で話せるようにまとめてください。テーマは、「施設の職員になってからの思いや変えたいこと・やりたいこと」です。

　　今、高校生とユースリーダーたちは別の部屋で何を話すか準備をしています。そこに聴く側の大人は関わりません。チームをつくって行うと思いますが、それは彼ら自身が決めます。ま

写真14　大人の意見交換会準備

ず高校生とユースリーダーたちが自分たちの意見表明をした後、大人が意見表明をします。高校生とユースリーダーたちが話している間は、大人は黙って聴く、質問もコメントも拍手もしない。企画・運営は、高校生とユースリーダーたちが行うので、高校生とユースリーダーたちの指示にしたがってください。皆さんの意見表明に関する質問は、高校生やユースリーダーたちがします。明日、彼らが何を言うか、大人が何を言うか分かりません。安心して話せる気持ちになってほしいし、子どもに伝わるように、好きな言葉で、自分の経験などを話してほしいと思います。初めにユースの意見表明を聞いてその雰囲気・内容によっては、準備した原稿がその場に合わない可能性があります。原稿を読むことが目的ではなく、職員がユースの心に訴えることが目的です。

　考える場所ですが、自分が集中して考えられる場所で構いません。外でも部屋でもロビーでも好きな場所を選んでください。

さらに、職員が心を込めて考えた意見表明を職員同士で共有して、筆者が次のようなメッセージを伝えました。ユースの前でひとりの人間として語ってもらうよう気持ちを整えることが最重要と考えたからです。

　テーマとして「変えたいこと」というのがあるから、子どもからそれについての質問があるかもしれません。パートナーということを頭に入れながら話をするとよいのではないかと思います。子どもたちも必死でパートナーを探しています。子どもも自分の思いを話すのは難しいですが、大人も同じだと思います。自分の気持ちを素直に発表してもらえばよいと思います。

　皆さんの覚悟を聞かせてもらいました。自分と向き合うことはとても難しい作業ですが、それをやってくださった皆さんは素晴らしいと思います。子どもに伝わりにくい、伝わりやすいがあると思います

が、きれいごとではなく、率直でシンプルな言葉で言ってほしいと思います。難しい言葉だと、意味が分からない子どももいるからです。

　皆さんの経験から語られるわけですから、自信をもって素直に伝えてもらえたら良いと思います。子どもたちに必要なのは良い出会いです。皆さんが、その良い出会いになってくれたらと思います。大人たちが子どもたちにとって頼れる存在であることを伝えてあげられたら良いのではと思います。

　今、子どもたちは真剣に話し合っています。理不尽ななかで育ってきた子どもたちは、我々には理解できない思いを抱えています。職員にもいろんな人たちがいますが、子どもたちは「職員」ということでひとまとめにして、思いをぶつけてくるかもしれません。子どもと大人の間には必ず溝があり、子どもたちは大人たちをナナメに見ている場合があります。だから大人側は、子どもに対して誠実に、正直に語るしかありません。施設の中で育ってきた子どもたちの気持ちを完全に理解するのは不可能だから、理解するように努力するしかありません。壁や溝は必ずあって彼らが何をぶつけてくるのかは分かりませんが、昨年の第1回全国インケアユースの集いでも、意見交換会の感想として子ども側から「大人の意見は自分たちの意見の答えになっていなかった」というものがありました。それぞれ、何を言うかを知らずに準備するのですから、しょうがない部分もあります。正解は分かりませんが、お互いが少しでもパートナーとして近づくことが最大の成果だと思います。

　夕食の際、子どもたちに「意見交換会に向けて、職員も悩みながら、緊張しながら考えているよ」と伝えたら、「え？　職員も緊張するの？」という答えが返ってきました。職員は悩んだり、緊張したりしないと考えていたようです。これも大人と子どもの壁。職員も同じ人間であり、悩んだり緊張したりすることを伝えていけたらと思います。

2 ● 意見交換会

　繰り返しますが、この全国インケアユースの集いは、第2回高校生トロント交流会でユースリーダーとスタッフが実体験した模擬公聴会（オンタリオ州議事堂）を日本で実現する試みです。この取りくみの特徴は、2泊3日という短い合宿で、ユースと職員が一緒に子どもの権利を学び、ユースと職員がパートナーになることです。この意見交換会（写真15）の詳細は、第1章の高校生トロント交流会の模擬公聴会と第3章のHope & Homeの意見表明会と同様のやり方なので紙面の都合上省略しますが、模擬公聴会同様、あるいはそれ以上に大成功でした。

　ユースの意見表明の内容は、「職員と子どもに上下関係や壁がある。職員は親のような存在なのでお互い頼れる関係になりたい」「ホームに居場所がほしい。子どもは『淋しさ、悲しさ』をもっているので、職員と本音で話し、気にかけてほしい」「社会が施設に対して正しい知識をもってほしい。私たちは実際には、職員とととともに成長している」「施設で生活している子どもの夢や希望を実現できる環境をつくってほしい」などです。

　職員の意見表明の内容は、「もっと子どもの話しを聴いて一緒に悩みながら問題解決をしていきたい」「施設を子どもにとって安心できる居場所にしたい」「実際には、一人一人と関わる時間は限られているけど、その時間を大切にして一緒に環境を整えていきたい」「自分本位で押しつけに

写真15　第2回全国インケアユースの集い鳥取大会の意見交換会

なっていることの反省。当たり前の生活とそうでないことの差をうめてい
くために、できることを続けていきたい」「職員が間違ったときに教えて
ほしい」「職員も自信がない。でも勇気をもって思いを伝えて一緒に考え
ていきたい」などです。

　今回は、職員の意見表明に対してユースからの鋭い質問が多くありまし
た。ユースと職員が対等に話し合ったことも、この意見交換会の発展を期
待させるものでした。

第3節　全国インケアユースの課題と今後の展望

　第2回全国インケアユースの集い鳥取大会で、日本における2泊3日の
意見交換会（公聴会方式）のやり方は一つのやり方のパッケージとして確
立されたと思います。第1章の高校生トロント交流会の模擬公聴会と第2
章の全国インケアユースの集い、この後の第3章Hope & Homeの意見表
明会の内容を参考にすれば、公聴会方式の意見表明は1泊2日〜2泊3日
で全国どこでも実行することができると思います。

　しかし、全国インケアユースの集いには課題も多く残されています。主
要な課題は四つあります。一つ目は、ユースリーダーが施設を退所して企
画・運営していくには、時間的余裕がなくなっていくことです。二つ目
は、2泊3日の交流会だけでは継続的なユースのつながりは保てない、参
加者を増やしてつながりを強化していくということです。三つ目は、意見
交換会で表明されたユースの意見に対して、「変化を創生する」という次
の行動が不十分であることです。四つ目は、ユース主導とは言っても大人
主導になりがちであるということです。これらの課題は、2021年9月18
日18：30〜21：30に「私たちの声をつなげよう！〜トロント交流会・イ
ンケア金沢・鳥取大会参加者の集い〜」というユースリーダーとスタッフ
が企画した、これまでの取りくみに参加したユースと職員のオンラインイ
ベントでのユースの発言からも分かります。

　このイベントは、2020年に実施予定だった全国インケアユースの集いがコロナ禍で中止となり、このままではユースリーダーと参加したユースたちの取りくみがフェイドアウトしてしまうといった危機感から、オンラインの限界性も踏まえて開催されたものです。内容は、第1回高校生トロント交流会、第2回高校生トロント交流会、第1回全国インケアユースの集い金沢大会、第2回全国インケアユースの集い鳥取大会のそれぞれに参加したユースが、それぞれのグループでディスカッションをして、そのグループの代表者が話し合った内容を発表するというものです。

　一つ目の課題について、ユースの意見は次の通りです。「全国インケアユースの集いを続けていくときに、ユースリーダーへの有給手当があってもいいんじゃないかという意見が出ました。というのは、インケアユースに参加するためにはバイトを削らなければいけないとか、遠いところに時間をつくって行かなければいけないとか、気持ちだけでは解決できない何かしらの事情が個々にはあって、それを解決してくれるのがお金だというのがありました。次の全国インケアユースの集いのときには、ユースリーダーたちに運営側に回ってもらうと思うので、是非一日あたりの有給手当の検討をしていただけないかなというのが一つ目の意見です」。

　筆者がそのユースリーダーの言葉を聞いたとき、アドボカシー事務所で学んだときにユースリーダー（アンプリファイアー）が有償で動いていたことを思い出しました。そのときは正直驚きましたが、よく考えてみれば大人も何かをするときに有償であることを考えると当然のことだと気づかされました。その後、主催者の日本キリスト教児童福祉連盟は理解を示し、ユースリーダーの企画会議参加などで運営側として動くときには有償となっています。

　二つ目の課題について、ユースの意見は次の通りです。「参加しているユース同士がもうちょっと交流する機会をつくるべきではないかという意見が出ました。皆さんも同じように思っていると思いますが、日程が少ない。対策としては今インターネットが普通になってきているので、こんな

ふうにオンラインで事前研修をやって密にコミュニケーションを取り合う
のが良い案なんじゃないかという意見が飛び交いました。これはこんなふ
うに25人でもできているくらいなので、徐々に慣れていってさらにユー
ス同士のコミュニケーションの機会を図れるんじゃないかというのが目的
です。また、ユースの参加対象施設を広げたい。今トロント交流会やイン
ケアユースに参加している施設は大体聞いたことのある施設、それなりに
つながりのある施設から選出された人が来ることが当たり前になっている
と思うのですが、全くの新規の施設を全国規模でもっといろいろな人を巻
き込んで増やすことが必要じゃないかという意見が出ました。具体的な
案としては分かりやすいポスターをつくってどんどんバラまいていこう、
こっちからアクションをかけるっていう方向性が必要なんじゃないかって
意見になりました」。

　ユースたちの意見を聞いていると、「つながっていたい」「ずっと仲間で
いたい」ということが浮かび上がってきます。児童養護施設というコミュ
ニティで生活してきたからこそ、分かり合える仲間の存在が重要なのだと
教えられました。

　三つ目の課題は、意見交換会はユースの意見を表明し、職員の意見を表
明してパートナーになるという意味では最初の一歩ですが、子どもアドボ
カシーは「変化を創生する」ことが重要です。カナダ・オンタリオ州アド
ボカシー事務所では、前述のOUR VOICE OUR TURNというプログラム
の取りくみで、政府の意思決定者への公聴会の後にユースと大人がパート
ナーを組んだワーキングチームをつくって制度改革を達成しています。全
国インケアユースの集いは全国各地からユースが集まるために、それぞれ
の地域の実情が違っており、意思決定者もそれぞれであるということがあ
ります。全国でユースが集まって意見を表明する意思決定者の相手は、い
きなり日本政府ということになります。それぞれの地域レベルで解決でき
る問題と日本の制度的な問題を分けて考える必要があると思います。

　四つ目の課題について、ユースの意見は次の通りです。「（全国インケア

ユースの集いは）大人、職員の人数がかなり多い。何が問題かというとこの会はユースの意見が尊重される場であって皆さんそれを意識してこの会に臨まれていると思うんですけど、それとは裏腹にこのインケアユースの企画の段階では実際にユースが少ないというのが現状であり、（職員が作成した）何か企画が上がってから事後報告というかそういう流れが多々あります。今回のインケアユースの集いもそうだったんですけど、是非企画の段階からユースリーダーを入れて実際に大人たちと議論していくっていう場が必要なんじゃないかなって思いました。連絡網もそうで、有志のユースリーダーも入れてしっかり連絡をつないで企画の段階から人数を対等にして、ユース 2 人と大人 2 人などで企画していくことが必要なんじゃないかなって思います」。

　この課題については、ちょうど一か月後に第 3 章で説明する当事者グループ Hope & Home のユースリーダーも同じ意見を言ってきています。その内容については、第 3 章第 6 節で詳しく述べます。この後、2022 年度に企画した第 3 回全国インケアユースの集いの企画は、ユースリーダー 3 名とスタッフ 3 名がオンラインで話し合いを重ねそのユースリーダーが企画係募集要項（ユース用、職員用）の原案をつくっています。これまでとは逆に、その原案に対し、スタッフが意見を言って要項を整えています。その企画係（ユースリーダー 5 名、スタッフ職員 3 名）で、2022 年度第 3 回全国インケアユースの集いを実施しています。

第**3**章　当事者グループHope & Home（H & H）

鳥取県社会的養護意思決定者へのユース主導公聴会

本章では、鳥取県内の児童養護施設等のユースと職員がパートナーとなって活動する団体Hope & Home（H & H）を立ち上げ、ユースたちが鳥取県の行政および施設の意思決定者に直接提言をした公聴会について紹介します。さらに、鳥取県内に子どもアドボカシー機関を設立するための準備会にユースが参加していることについても紹介します。このH & Hの歩みは、コロナ禍にあって決して平坦な道のりではなく実践してみて気づいた課題も多くあります。それらの課題を克服しながら、現在もユースたちが創意工夫を凝らして活動を続けています。

第1節　当事者グループHope & Home（H & H）の発足

1 ● H & Hとは

当事者グループH & Hは、鳥取県児童養護施設協議会会員施設（児童養護施設・児童心理治療施設）のユースと職員がパートナーとなって活動する団体です。発足当初は、ユースが13名（高校生9名、専門学校生1名、社会人3名）、職員が11名の計24名で活動しています。このうち、ユースリーダー6名（高校生2名、専門学校生1名、社会人3名）とスタッフ職員6名は、前述した高校生トロント交流会と全国インケアユースの集いの参加者で、カナダ・オンタリオ州アドボカシー事務所の考え方と手法を学んだ

メンバーです。H＆Hは、鳥取県児童養護施設協議会内に設置され、ユースの定義を「高校生年齢から30歳以下の入所児童及び退所者」としています。

2 ● H＆H発足と活動までの経緯

　2019年10月15日に、高校生トロント交流会と全国インケアユースの集いに参加した鳥取こども学園のユースと職員に集まっていただき、筆者が鳥取県内にユースグループをつくる意義を説明しています。このときに話した内容は主に三つです。一つ目は、ユースの声を意思決定者に直接届ける機関、つまり、日本にはまだ存在していない子どもアドボカシー機関をユースと大人がパートナーとなって一緒につくることです。二つ目は、世界の子どもアドボカシー機関のモデルとなったカナダ・オンタリオ州アドボカシー事務所の手法を学んだユースおよび職員は日本の宝であることです。なぜなら、2019年5月にアドボカシー事務所は政権交代のために閉鎖されたため、そこで学ぶことはできなくなったからです。三つ目は、ユースの声を意思決定者に届けることで児童養護施設等の生活・制度の改善を実現することができ、社会を変えることが可能となることです。

　集まったユースと職員に自由意思での参加・不参加を問いかけたところ全員が賛同し、ユースはユースリーダーとして、職員はユースリーダーを支えるスタッフとして活動することになりました。さっそく、12月1日の団体結成に向けてイベントの企画案が話し合われ、ユースグループ企画「Yell, your voice! ～あなたの声を届けよう～」の案内文を作成し、鳥取県内の児童養護施設・児童心理治療施設から高校生1名以上と引率職員1名以上の参加募集をしました。この企画名から企画内容まで、ユースリーダーとスタッフで話し合って決めています。

　当日のプログラムでは、オリエンテーション、アイスブレイク、子どもの権利条約のワークショップ（写真16）、全国インケアユースの集いの報告（写真17）をユースリーダーとスタッフがパートナーを組んで楽しく進

写真16　子どもの権利ワークショップ

写真17　全国インケアユースの集い報告

写真18　団体名のブレーンストーミング

写真19　Hope & Home（H & H）に決定

行し、最後はユースと職員に分かれて活動しています。ユースはブレーンストーミング手法で団体名を考案し（写真18）、職員は「子どもの声を聴く」をテーマに大人の問題点を話し合い、最後にユースと職員が合流してお互いプレゼンをしました。

　ユースが考案した団体名はHope & Home（略してH & H）です（写真19）。その意味は、「希望」と「自分たちの居場所、心の故郷」です。

　職員の「子どもの声を聴く」に対する問題点は、「子どもたちを守ることを優先して、リスクを避ける」「面倒なことが増えると思ってしまう」「現状で満足し、一歩踏み出すことを怖がっている」「なるほどと思う意見を聞いても、その後どうしていいかわからない」「聞いてきたことに説明

ができていない」「妥協点を見つけるのを意識してしまっている」などの意見が出て、三つの変えていくべきことを挙げています。一つ目は、自己防衛に走ってしまっていることです。二つ目は、責任をとることを恐れてどう責任をとっていいかも分かっていないことです。三つ目は、聞き方自体も「聞いているつもり」になっていることです。

　一日だけのプログラムでしたが、ユースと職員がパートナーとなってH&Hが発足しました。

　2019年12月には、アーウィン・エルマン氏（オンタリオ州アドボカシー事務所元所長）と菊池幸工氏（国際コーディネーター）をカナダから鳥取県に招聘し、鳥取県の意思決定者交流会（主催：鳥取大学・鳥取養育研究所）とその2日後に国際シンポジウム「子どもの声からはじまる未来〜Have a voice, To our future〜」（主催：鳥取養育研究所、鳥取大学、鳥取県児童養護施設協議会、日本キリスト教児童福祉連盟）を開催しています。

　意思決定者交流会では、子どもアドボカシーを展開していく際には意思決定者の考え方が重要であるということで鳥取県議会議員や鳥取県行政等の意思決定者の方々に参加していただき、「子どもアドボカシー機関設立の意義」について勉強会をしました（写真20、21）。

　国際シンポジウムでは、社会的養護下で生活している子どもたちを中心に大学生、児童福祉関係者、議員、その他様々な職種の方々が総勢232名参加して、招聘したアーウィン・エルマン氏と菊池幸工氏による講演と高校生トロント交流会に参加した4名のユースによるスピークアウトを実施し、会場となった鳥取大学の共通教育棟2階A20講義室は感動と涙に包まれ一体となりました（写真22、写真23）。

　このような流れの中で、鳥取県の意思決定者の方々の理解も得て「鳥取県子どもの権利学習支援事業補助金」を財源にH&Hの活動を始めています。筆者自身が体験してきたことを中心に、H&H発足までの流れと活動を整理したものが表3です。

写真20　鳥取県の意思決定者交流会

写真21　意思決定者交流会のアーウィン・エルマン氏（右）と菊池幸工氏（左）

写真22　カナダ留学中ユースのスピークアウト

写真23　高校生トロント交流会参加ユースのスピークアウト

表3　H＆H発足までの流れと活動

	子どもアドボカシーの取りくみ（筆者の体験）	学び
1988 〜1998年、 11年間	全国養護施設高校生交流会（全11回）※筆者は未体験	子どもの声運動
	第1回は鳥取砂丘こどもの国、1995年（第8回予定だった）は中止となったため、非公式鳥取フォーラム（鳥取砂丘センター） 全国各地で2泊3日〜4泊5日の合宿。多いときで165名の高校生	
2007 〜2013年、 7年間	児童心理治療施設鳥取こども学園希望館の男子ブロック中高生会でサポーター ・企画書に「権利が機能すると、闘争が生まれる」 　→闘争がある状態が正常 ・主任であったが、中高生会のときは徹底的に子ども側	試行錯誤

2014年、6日間	カナダ・トロントへ渡航（連盟、次年度の下見）	初めて子どもアドボカシーを学ぶ
	世界でモデルとなった子どもアドボカシー機関「オンタリオ州アドボカシー事務所」にて学ぶ	
2015年、10日間	カナダ・トロントへ渡航（連盟）	アドボカシーを実体験　子どもが意見表明できるようになる過程を体験
	第1回高校生トロント交流会の引率。全国の児童養護施設等の高校生11名と共に子どもアドボカシーを学ぶ。本研修の他に事前研修（2日間）で、渡航中の準備・役割・約束事等すべて高校生たちと決める。事後研修（2日間）では、「子どもの行動計画」を高校生たち自身で立案	
2017年、11日間	カナダ・トロントへ渡航（連盟）	子ども主導の模擬公聴会を実体験　衝撃！「パートナー」これだ！と思った
	第2回高校生トロント交流会の引率。オンタリオ州議事堂にて、高校生主導の模擬公聴会をする	
2018年、1日	高校生トロント交流会キャラバン隊（連盟）	子どもと一緒に企画・運営をする
	トロント交流会に参加した高校生と職員がパートナーとなり、他県施設にて子どもの権利研修を企画・運営・進行をする	
2018年、3日間	第1回全国インケアユースの集い金沢大会（連盟）	日本でトロントでの学びを実践
	トロント交流会に参加したユースと共に企画・運営・進行。オンタリオ州子どもアドボカシー事務所の手法で意見交換会（模擬公聴会）を実施	
2018年、9日間	カナダ・トロントへ渡航（鳥取養育研究所）	アドボカシー機関の実践方法を学ぶ
	調査研究「子どもの権利擁護機関の設置構想」でオンタリオ州子どもアドボカシー事務所やライアソン大学、各機関を訪問	
2019年、11日間	カナダ・トロントおよびBC州へ渡航（鳥取養育研究所）※筆者は未体験	当事者団体活動とBC州アドボカシー機関を学ぶ
	当事者団体Ontario Children's Advancement Coalition（OCAC）、ライアソン大学、子どもアドボカシー機関B.C.'s Representative for Children and Youth（RCY）等を訪問調査	
2019年、3日間	第2回全国インケアユースの集い鳥取大会（連盟）	公聴会のやり方を確立
	第1回同様。	
2019年	鳥取県意思決定者交流会（養研）	ロビー活動
	アーウィン・エルマン氏（オンタリオ州子どもアドボカシー事務所元所長）と菊池幸工氏（国際コーディネーター）が、鳥取県議会議員と鳥取県行政の意思決定者等へ「子どもアドボカシー機関設立の意義」についての講話※鳥取県議会議員と鳥取県行政の意思決定者には、「子どもアドボカシー機関設立企画書」を事前配布※2020年11月、鳥取県議会議員常任委員会で「子どもアドボカシー」についてのプレゼン	

2019年	国際シンポジウム（養研、鳥取大学、鳥取県児童養護施設協議会、連盟）	鳥取での取りくみ開始
	「子どもの声からはじまる未来〜Have a voice, To our future〜」	
	企画・運営・進行。アーウィン・エルマン氏と菊池幸工氏を招聘。高校生トロント交流会に参加したユースたちがスピークアウト。社会的養護下で暮らす子どもたちを中心に、大学生、児童福祉関係者、議員、その他様々な職種の方々が総勢232名参加	
2019年12月1日、1日	鳥取県児童養護施設に Hope & Home（H & H）が結成された。ユース13名、職員11名	鳥取県でユース主導の実践
2020年10月、2日	H & H 合宿	高校生トロント交流会の模擬公聴会を鳥取県で実現
	全国インケアユースを下敷きに、鳥取県の大山で1泊2日の合宿。最終日にユースの意見表明会（模擬公聴会）。企画・運営・進行は、H & H ユースリーダーとスタッフ	
2021年3月、3日間	鳥取県版「子どもの権利ノート」全面改訂（H & H 他、子ども参加）	子どもの権利基準作成
2021年3月、1日	H & H 鳥取県社会的養護意思決定者への提言検討会	ユース自身による提言作成。最小限の大人の介入
	H & H 合宿での意見表明を下敷きに、ユースが鳥取県社会的養護意思決定者への公聴会に向けて意見整理	
2021年8月24日	H & H 鳥取県社会的養護意思決定者への公聴会（オンライン）	オンタリオ州議事堂公聴会が鳥取県で実現
	H & H ユースが鳥取県社会的養護意思決定者（鳥取県担当課長、県内の児童相談所長および施設長）に意見表明	
2021年8月27日	第1回鳥取県版子どもの意見表明をサポートする仕組みの構築についての検討会（鳥取県）	子ども参加会議の新たな挑戦
	検討委員の中に、当事者である H & H ユースリーダー2名参加	
2021年11月22日	H & H ユースリーダー会議にて大人の参加を最小限にすることを決議	ユース主導の新たなステージへ
	H & H ユースリーダー・スタッフ会議を H & H ユースリーダー会議とし、スタッフは2名のみの参加とする	
2022年1月28日	第2回鳥取県版子どもの意見表明をサポートする仕組みの構築についての検討会（鳥取県）	ユース参加会議の課題が露呈
	検討委員の中に、当事者である H & H ユースリーダー2名参加	
2022年2月、2日間	H & H ユースで完全ユース主導の合宿を試みるも新型コロナウイルス感染症拡大により中止	完全ユース主導の企画立案

3 ● H＆Hの目的——発足時事業計画

　H＆Hの活動を始めるとき、ユースリーダーとスタッフ職員がパートナーとなり、事業計画を立てています。一部抜粋したものは次の通りです。

2020年度H＆H事業計画（抜粋）

〈H＆Hの活動目的と今後の目標〉

　子どもアドボカシーの定義（※1）により、カナダ・オンタリオ州アドボカシー事務所の手法を使って「変化を創生」することに重点を置く。変化を創生するための公聴会等は、レベル1〜レベル5（※2）まであるが、今年度はレベル1とレベル2を目標として活動する。

　なお、運営や組織等が構築されるまでは当面、高校生トロント交流会および全国インケアユースの集い（いずれも日本キリスト教児童福祉連盟主催）に参加したユース・職員が中心となり企画・運営を行うものとする。

　　　※1　子どもアドボカシーの定義（オンタリオ州アドボカシー事務所元所長
　　　　　アーウィン・エルマン）
　　　　　★子どもやユースとパートナーを組んで、彼らの抱える問題を表に出し、
　　　　　彼らと一緒に問題の解決を探る事（政策決定者に伝える）
　　　　　★キーワードは「パートナー」
　　　　　★それにより変化を創生
　　　※2　レベル1：鳥取県児童養護施設協議会加盟施設の職員・施設長等
　　　　　レベル2：鳥取県行政（児童相談所、子育て・人財局家庭支援課等）
　　　　　レベル3：鳥取県知事・鳥取県議会議員等
　　　　　レベル4：日本国（厚生労働省、大臣等）
　　　　　レベル5：世界（カナダ等）

4 ● ユースが意見を考える、意見を言うときのガイド方法

　ユースが意思決定者への公聴会等で意見表明をするとき、やみくもに「あなたの意見を考えて言ってください」と投げかけるだけでは、なかなか意見がまとまらなかったり、堂々と意見表明ができなかったりする場合があります。それは、ユースがこれまでの人生の中で、安心・安全な環境で自分の意見を言う機会が与えられず、意見を言ったとしても何も変わらなかった経験をしてきたからです。さらに、意見表明をする経験が少ないと意見をどう伝えてよいのか分からないのです。しかし、これまで述べてきたように、ユースには発想豊かに意見表明ができる無限の力があります。筆者は、アドボカシー事務所でそのガイドの仕方を学び、実際にそれを実践し、ユースが堂々と大勢の前で意見表明ができるようになったことを目撃してきました。そのガイド方法とは、次のようにユースに伝えることです。

> **ユースが意見を考える、意見を言うときのガイド方法**
> ①「相手のことを尊重しよう」「語るときは自分のことを話そう」「人のことを話すときは、その人の許可を得て話そう」
> ②自分の意見は、固有の経験による知恵だから、他者から否定されるものでなく、間違っていない
> ③問題解決の魔法の言葉
> - 問題は何か？
> - そのとき、どんな気持ちか？（絵、ダンス、音楽等、様々な方法で表現する）
> - それが解決された状態はどんな状態か？（あるべき状態）
> - あるべき状態とするには、どんな方法があるか？　一緒に考えよう（提案）

①は、意見表明するときのマナーです。②は、意見表明の経験が少なく自信がないときに勇気づける言葉です。③は、意見を考えるときのフレームワークです。この「問題解決の魔法の言葉」は本当に魔法のようにあらゆる場面で使うことができ、ユースは提案まで考えることができます。

5 ● 大人がユースの意見を聴くときのスタンス

H & Hは、ユースだけでなく大人（職員）も参加して一緒に「子どもの権利」を学びます。H & Hが何を軸に会を進めていくのかは次の通りです。この軸もアドボカシー事務所で学んだことです。

大人がユースの意見を聴くときのスタンス

1　Equalityイーコーリティー（＝平等）ではなく、Equityエクイティー（＝公平）

　子どもは大人よりも弱い立場 → 下がっているほうを上げて、同じステージで一緒に問題解決！

　　例：意見交換会（H & H合宿ではない）が終わった後、ある職員が次のように言った。「なんで子どもの意見の時間が長くて、大人は3分しか話せないんだ？　平等（Equalityイーコーリティー）ではない！　不公平だ！」→ 大人は強い立場だから、子どもよりも制限をかけた。

　　これがEquityエクイティー（＝公平）

2　「子どもの権利ノート」「子どもの権利条約」は、Equityエクイティー（＝公平）を実現するためのツール

3　「百人の子どもは、百人の人間」（ヤヌス・コルチャック）子どもといえども、大人と何も変わらない

4　子どもが声を上げることは、個人の発達にとって必要。聴いてもらうことで「目に見えない存在ではなくなる」から、その子どもの人生は変わる。

5　子どもが自分の関わる決定事項に関わることが必要。すべてそう考えるべき

6　子どもも大人も、何かを変えようとするとき、最もパワフルで重要なのは、当事者の証言。なぜなら、子どもも大人も、本で書いてあることでなく、理論でなく、自分の経験（生きてきた知恵）を話すことが重要で、それは誰も否定できないから

7　子どもと大人が、互いの本音を聴いてパートナーになる

8　日本の子どもの様子を観察しながら思ったことは、自分が思うことを「安心して話す」まで至っていないこと

9　大人は、子どもに「そこで話しても安全だよ」と保障することが重要

10　10代の子どもの特権は「文句を言うこと」「苦情を言うこと」「批判をすること」

11　大人に苦情を言うことは、「安全である証明」「信頼している証明」「子どもが勇気をもって言える力がある証明」

6 ● H＆Hユースリーダー・スタッフ会議

　H＆Hでは、ユースリーダーとスタッフがパートナーを組んで、企画・運営・進行を行います。事業計画、合宿、公聴会に向けた提言検討会、公聴会等です。H＆Hユースリーダー・スタッフ会議は、月に1～2回行われ、スタッフが現在の社会的養護の状況等を説明したり、企画やその運営方法を話し合ったり、その役割分担をしたりします。内容によって、一緒に会議をしたり、ユースリーダーとスタッフが分かれて話し合ったりします。ユースリーダーの意見が尊重され、スタッフはそれを支えます。図に示すと次のようになります。

図1　ユースリーダーとスタッフの関係

第2節　H＆Hの子どもアドボカシー合宿

1 ● 合宿に向けてのユースリーダー・スタッフ会議

　2020年5月から10月まで、H＆H子どもアドボカシー合宿に向けてのユースリーダー・スタッフ会議を7回（1～2時間／回）開催しました。ユースリーダーもスタッフも多忙な中で、なかなか全員がそろうことが難しく、少ないときは参加者が4名（ユースリーダー2名、スタッフ2名）のときもありました。ユースリーダーおよびスタッフは前述した高校生トロント交流会や全国インケアユースの集いを経験し、自らの成長やユースと職員が問題解決のパートナーとなることを肌で感じたメンバーです。鳥取県内の児童養護施設等の高校生や職員に同様の経験をしてほしい、H＆Hを活性化して施設をよくしたい、というモチベーションで白熱した議論を展開しています。

　H＆H事業計画を作成するとき、全国インケアユースの集いに倣って2泊3日の合宿を想定していましたが、コロナ禍で各施設が3日間もユースと職員を派遣しない懸念があったため、1泊2日で市街地を避けた山（鳥取県の国立公園大山）で開催することに変更しています。合宿が短くなったため、プログラムが簡素化されるのは必至なので、合宿前に定例会（H＆Hメンバー全員参加、3時間）を2回入れることで時間を補うよう計画し、2か月に1回ペースで各施設の会場を持ち回りとし、最初にその施設を見

学してから集団の凝集性を高めるレクリエーション、子どもの権利ワークショップ、合宿後の公聴会準備などを企画しています。合宿の目的は次の通りです。

H＆H子どもアドボカシー合宿の目的

1　鳥取県内すべての児童養護施設及び児童心理治療施設からユース及び職員が参加し、今後の活動の核となるH＆Hメンバーとそれを支える職員の凝集性を高め、今後の活動へつなげる。

2　①子どもの権利の学び、②視野（生き方）の広がり、③子どもの化学反応、④子どものエンパワメント、⑤同じ仲間がいる、一人じゃない、⑥自分を解放し新しい自分を発見（可能性を見出す）、⑦子どもと大人がパートナーとなる。

　ここまで企画したのですが、実施する直前に新型コロナ感染者が増加したため、定例会は中止、合宿もどうするのか議論になりました。高校生トロント交流会や全国インケアユースの集いのような体験は、オンラインでは難しいので中止にせざるを得ないといった雰囲気になったとき、一人のユースリーダーが「コロナ禍だから中止するという選択をしていたら、いつまでたっても合宿はできないと思う。なぜなら、コロナ禍はまだまだ続くから」と発言したことで、ユースリーダーたちがそれに賛同して感染対策をして予定通り実施することになりました。合宿の事前準備は、ユースリーダーとスタッフがペアになって役割分担をしています。例えば、準備物の買い物（レクリエーションの景品、お菓子・ジュース類、コップ・ティッシュ等の消耗品、ワークショップで使用する模造紙・油性ペン等）などです。

2 ● プログラム

　全国インケアユースの集い鳥取大会のプログラムを下敷きに、1泊2日で意見交換会（今回は『意見表明会』とした）を成功させるために、ユー

スリーダーを中心に議論した結果、表4のプログラムとなりました。当日の参加人数は、鳥取県内の各児童養護施設等のユースおよび職員が24名（高校生7名、ユースリーダー6名、引率職員5名、スタッフ6名）でした。進行はすべて、ユースリーダー中心にスタッフがサポートしながら行われます。

表4　H＆H子どもアドボカシー合宿プログラム（会場：鳥取県大山）

月日	時間	プログラム		意図
(第1日目) 10月24日	10:00〜10:15	受付		緊張をほぐす
	10:15〜13:00	レクリエーション ※昼食は弁当		
	13:00〜14:00	移動・休憩 ※各園の車で移動		
	14:00〜14:20	開会式・オリエンテーション		
	14:20〜14:50	アイスブレイク		
	14:50〜15:10	「子どもの権利」を学ぼう		楽しく権利を学ぶ 発表する練習
	15:10〜15:25			
	15:25〜16:05			
	16:05〜17:00	〈ユース〉 子どもの権利条約 エクササイズ	〈職員〉 ・「子どもアドボカシー」を学ぶ ・意見表明会準備	
	17:00〜17:15	レッテル（決めつけ、偏見）を学ぼう		
	17:15〜18:00	チェックイン・休憩		
	18:00〜19:00	夕食		
	19:00〜19:20	子どもの権利条約エクササイズの発表		
	19:20〜20:20	先輩ユースの話		ロールモデル
	20:20〜20:30	休憩		
	20:30〜21:00	レクリエーション結果発表		一体感
	21:00〜	意見表明会準備・入浴・自由		意見表明会に向けて 意見表明できるように なる
	23:00	就寝		
(第2日目) 10月25日	7:00〜7:30	朝食（男性）		
	7:30〜8:00	朝食（女性）		
	8:00〜9:00	自由・チェックアウト		

9:00〜10:30	〈ユース〉意見表明会準備	〈職員〉意見表明会準備	
10:30〜10:40	休憩		
10:40〜11:30	意見表明会		
11:30〜12:00	分かち合い・閉会		パートナー

写真24　レクリエーション

写真25　アイスブレイク（フルーツバスケット）

　全国インケアユースの集いのプログラムでは、2泊3日の2日目にレクリエーションとしましたが、この合宿では、最初に楽しいレクリエーションをして緊張をほぐすことから始めました。ユースと職員が一緒のグループを四つつくり、各グループで大山を散策しながら、ミッションシートのポイントを回りました。ポイントで写真を撮ることで、得点を競い合い、景品獲得を目指します（写真24）。

　緊張がほぐれ和やかな雰囲気の中で、開会式・オリエンテーションをやります。ユースリーダー代表あいさつから始まり、この合宿の趣旨説明、注意事項等の説明と続いていきます。ユース主導の会です。さらにお互いを知り、安心・安全な環境とするために、アイスブレイクでフルーツバスケット（写真25）や他己紹介をします。フルーツバスケットは盛り上がり、体を動かすことで緊張もほぐれていきます。他己紹介はペアになってお互いを紹介し合い、様々な思いを知ることができました。例えば、「自分を変えたい」「H & Hから鳥取・全国に発信したい」「話すのが苦手なので意見を言えるようにしたい」「他のユースの気持ちを知りたい」などです。

　お互いを知り、安心・安全な環境になったところで、ユースと職員が一緒に楽しく「子どもの権利」を学ぶワークショップ（子どもの権利条約YES／NOクイズ）をします（写真26）。出題者の内容が権利であれば「Yes」のほうへ移動し、権利でなければ「No」のほうへ移動します。皆が迷いながらも、そう考えた理由なども発言していました。ここでも「楽しく」が重要となります。

　意見を言うには論理的思考も大切です。賛成グループと反対グループに分かれて、あるテーマについて「言い訳大魔王」になって議論しました。例えば、「施設の朝食は絶対パンであるべきである」などのテーマです。屁理屈を駆使して白熱した議論が展開されました（写真27）。

　自由に何を言ってもいい雰囲気ができあがってきたところで、ユースと職員が別々の部屋に分かれます。

　ユースは子どもの権利条約エクササイズをします。これは、ユース一人ひとりが子どもの権利条約カードブックから今の自分の状況に合った条文を選び、ユースリーダーがサポートしてプレゼン準備をするプログラムです。「なぜその権利が必要か」「ユースの現状はどうなのか」「もし守られていなかったらどうなるか」「守られない状態にならないためにはどうしたらよいか」を考えて、一人一つの条約を模造紙にまとめました（写真28）。

　職員は前述した「ユースが意見を考える、意見を言うときのガイド方

写真26　子どもの権利条約YES／NOクイズ　写真27　論理的思考（言い訳大魔王）

法」や「大人がユースの意見を聴くときのスタンス」などを学びます。そして、次の日の意見表明会で発表する内容をそれぞれで考え始めます。「施設の職員になってからの思いや変えたいこと・やりたいこと」について3分以内でユースに分かる言葉で話すという課題が与えられました。これは、全国インケアユースの集いと全く同じやり方をしています。

　ユース一人ひとりがプレゼンをする前に、ユースと職員が合流して一緒に「子どもの権利」を学ぶ楽しいワークショップ（レッテル〈決めつけ、偏見〉を学ぼう）をします。二人一組になり、自分の見えないところに「優しい人」「怒っている人」「自己中心的な人」などのカードを貼りつけます。相手はそれに近いニュアンスを伝え、自分がどんな人なのかを当てるゲームです。ユースリーダーが最後にまとめとして、「偏見で人を見ないように！」という話をしました。ユースが職員の前でも安心してプレゼンができる環境づくりにもなります。

　子どもの権利条約エクササイズの発表は、意見表明会の前哨戦です。全員が集まり、ユースの発表を聞きました。ユースリーダーが「一番に発表したい人いますか？」と呼びかけると、ユースが積極的に手を挙げ、どんどん順番が決まっていきます。ユース一人ひとりが、子どもの権利条約をもとに施設での生活に当てはめて、皆の前で堂々と発表できました。引率職員は「この子が一人で、みんなの前でプレゼンができるなんて」と驚き、ユースの力を発見し、ユースはここで「自分には意見を発表する力が

写真28　子どもの権利条約エクササイズ（発表準備）

あるんだ」と自信をつけます（写真29）。

　次に、ロールモデルとして先輩ユースのスピークアウトを全員で聴きます。カナダの大学を卒業して鳥取に帰ってきていたユースリーダーが自分の経験談を話し、ユースたちは食い入るように聞いていました（写真30）。

　1日目の最後にレクリエーションの結果発表を各グループの写真を見ながら面白おかしくしています。鳥取のお土産品を思い出の景品としてユース一人ひとりにプレゼントして、全員が一つになり盛り上がりました。この夜遅くにした結果発表で、ユースたちは本当にリラックスした良い雰囲気に変わります。これは、全国インケアユースの集いでも経験したきたことです。

写真29　子どもの権利条約エクササイズ（ユースが一人ずつ発表）

写真30　先輩ユースのスピークアウト

3 ● H＆Hユース主導の施設職員への意見表明会

　当初の予定では最終日の意見表明会の準備を直前のみでやる予定でしたが、ユースリーダーたちの判断で急きょ予定を変更して前倒しをしています。1日目のプログラムが終了した後、すでに21：00を過ぎていましたが、ユースリーダーがユースの部屋へ行き、意見表明会の説明と「自分の主張したい意見や考え」をまとめる作業をしました。ユースリーダーは誘導的にならず、「あなたの言いたいことは〜ということですか？」「具体的にどういうことですか？」「一番伝えたいことは何ですか？」などを問いかけてユースが言いたいことをまとめられるような話の聞き方をするように努めました。発表内容の概要ができたユースと担当ユースリーダーは、まとめ役のユースリーダーの一人にそれを伝え、類似している意見ごとにユースのグループ分けをしました。

　この急きょの予定変更は、ユースリーダーがユースの様子を見て、このままでは意見表明会に向けての準備が間に合わないと判断した積極的発案で、時間的制約がある中でユースリーダーたちが最終日の意見表明会を成功させたいという熱い思いから生まれた動きです。

　次の日、ユースと職員が分かれて意見表明会の準備を行いましたが、前日夜のユースリーダーの判断がなかったら間に合っていなかったでしょう。準備は、全国インケアユースの集いと同じやり方で「問題解決の魔法の言葉」に沿ってまとめていきます。ユースが安心して発表に臨めるように、ユースリーダーが最後までサポートします。

　ユースリーダーがユースのサポートをしているとき、あるトラブルが発生します。一人のユースが引率職員の前で自分が表明したい意見を言ったら、施設に帰ったときにどのように扱われるか不安であることを話してきたのです。休憩時間にユースリーダーとスタッフが緊急で集まって話し合い、意見表明会の最初に議長であるユースリーダーが「この会での発言は守られる発言です。ユースは安心して自信をもって発表してください。職

員はユースの発表を受け止め、この会が終わってからユースが傷つくことがないようにこの会場を出てから他言をしないように約束してください。この約束が守られないようであれば退室してください。ここにいる全員が証人です」を付け加えることにしました。不安感をもっていたユースにそれを伝えると、快諾して問題は解決されました。

　ユース主導の意見表明会の始まりです（写真31、写真32、写真33）。全国インケアユースの集いでは「意見交換会」でしたが、「意見表明会」と変更した理由は、時間的制約によって質疑応答ができないためです。意見表明会は、高校生トロント交流会の模擬公聴会、全国インケアユースの集いの意見交換会と同様のやり方で行われました。今回、違っているのは、議長が前述の文言を付け加えたこと、オブザーバーとして鳥取県児童養護施設協議会会長をお招きして最後にコメントを言っていただいたこと、時

写真31　意見表明会直前にユースたちが円陣　写真32　厳粛な場である意見表明会

写真33　ユースの意見表明

間制約のために質疑応答を省いたことです。

　ユースたちの意見表明では、施設で不自由なく生活しているのに社会の偏見で「かわいそう」と思われてしまうためH＆Hを大きくして多くの人に施設を理解してもらうよう働きかけたい、ルール（服代や携帯電話の制約など）に対しての説明・理解・対策を職員と一緒に考えたいなどが話されました。一方、引率職員たちの意見表明では、職員もいろいろと悩んでいることやユースへの思いなどをユースたちに伝えていない反省とユースの意見を聞きながら一緒に解決していきたい旨が話されました。意見表明会が終わり全員が大きな拍手をしたとき、高校生トロント交流会と全国インケアユースの集い同様、ユースと職員がパートナーとなった瞬間でした。

4 ● 合宿に対するユースの評価

　プログラムの最後に、参加者全員が輪になって座って振り返る「分かち合い」で会は終了します。カナダの先住民の方々が使っているトーキングスティック（持った人には発言権があり、神の力が宿って自信をもって話をすることができる。持っている人以外は黙って聴く）を一人ひとりに回して合宿の感想を分かち合いました（写真34）。ユースの成長、価値観の変化、意見を言えるようになった、ユースリーダーのようになりたい、一人ではできなかったことを皆の力で実現できた、目的以上のことができた等を共

写真34　分かち合い

有しました。

　この合宿の評価は、参加者が書いたアンケートで予想以上に高評価でした。「意見表明会について」のアンケートを以下にそのまま掲載します。また、合宿終了後数か月経って、あるユースがユースリーダーに「職員が自分の意見をよく聞いてくれるようになり、意見表明したことも解決しました。ありがとうございました」と嬉しい連絡もありました。

H&H子どもアドボカシー合宿・意見表明会の感想

【ユース】

発表前は、とても緊張して、リハーサルのときに早口になって声が少し小さかったけれど、本番では、ゆっくりと自分の思いをしっかりと伝えれていたと思うので良かったです。／子どもの意見もすごいなと思ったけど大人たちも私たちと同じように考えて、くるしんでいる事があらためてじっかんしました。でもこうゆう機会があってとてもよかったなって思いました。／少しきんちょう感をもってすることであいてに話が伝わるんだということがわかりました。僕もこれから自分の意見を言うときは少しきんちょう感をもって本気度をおしえていければなと思いました。／発表には少し緊張はしたが、自分の思っていることをはっきりと言えるのはよいことだと思った。／しんけんに自分の伝えたいこと不満に思うことがはじめていえたきがしてなんかとてもすっきりしてよかったって思いました。／自分の意見を人の前で言うことがとくいではなかったけどユースリーダーさんのおかげで自分の意見を言うゆうきがもらえました。／自分の意見をまとめてるときこんな意見を言ってしまっていいのかと思ったけどユースリーダーの人たちが大丈夫だよってすごいいってくれて安心したし、職員の人たちも私たち（ユース）が言ったことについてすごい考えてくれていてうれしかった。

【ユースリーダー】

高校生が自分の思いをうまく大人に伝える事ができたと思う。／議長として会をまとめる重大な役割をやらして頂きありがとうございました。議長側として見た時ユースの意見やユースの真剣な表情を見た時すごく本気感を感じてみんなの意見を聞いた時泣きそうになるくらいうれしかったのを覚えています。とてもいい会でした。／ユースの子も緊張してたと思うけど、みんなが頑張って自分の思いを伝えていて良かった。職員さんもユースの子たちの思いを受け取って、これからに生かそうとしている思いが見られて良かった。／ユースが自分が意見を発表することにより、職員間で問題が生じると不安を感じていた人が多くみられました。そのため、ユースを安心させる会での何かの処置が必要であると感じました。／ユースが思い思いの意見を自分なりの形で発表することによりその子の気持ちがよく伝わりました。それを受け止めた職員も非常に揺いだように感じ取れました。反対に普段大人の気持ちや考えを聞くことが多くはないと思いますが、それをユースが聞き、何かしらの形で、響いたと思いました。／良い意見ばかりでかんどうした。

【大人】

会場の雰囲気作りが最高です。大人が入ってくる瞬間がとくに全員が緊張しているなか、自分の気持ちを伝えること、分かってもらおうとすること。これからの生活でも活かしてもらいたい。／分かち合いでも言ったが、ユース1人1人が初日に比べすごく成長していた。自分の意見を言うことは本当に勇気がいることなので、今回きちんと自分の意見を言えたユースは本当にすごいと思う。こちら（大人）の思いも伝わっていたらうれしいです。／職員間では発表事前に練習会を開いた。この時間で一気に緊張感と本気度は増したように思います。発表した職員はそれぞれ自分や子どもとしっかり向き合いごまかしなく発表していました。計画当初の目的はたっせいできたのではと感じます。／良い会であっ

たとは感じます。言葉で表現するということは達成できたように思います。皆の感想をききたい。ユースリーダーの関わりによってまとめあげる力が異なるのでしょうから、そのあたりに困難さもあるように思われる。一緒になり輪を広げていくためにはこの参加者でない人をまきこんでいかないといけないので地道な活動を続けていくことが大切と感じました。／子どもからの真剣な意見に対して、どこまで気持ちを返せたか……。子ども達に、どうだったか聞いてみたいです。／ユースそれぞれの考えや想いを聞くことが出来たのはとても良かったと思いました。他の施設のユースの普段の様子は分からないのでなんとも言えない部分はありますが、自分の施設から参加した子については、思っていたよりもきちんとこちらに伝わる話にできていた事に驚きましたし、普段話していて聞けていなかった、抱えている想いや考えを聞くことができ、有意義だったと感じています。また、それぞれの主張を聞いていて、自分の施設ではどうかな？と考えたり、自分の施設では出ないかな？逆の主張で出るかもしれないな？と感じるような話もあり、施設毎の取り組みや、ユースそれぞれの受け取り方で変わるものだなと考えさせられました。／部屋に入った瞬間、重々しい雰囲気でびっくりした。ユースも引率職員もしっかり準備をしていたので、きっちり話をすることができていた。／子どもたちの声で意見を聞けたのは、よかったと思う。／自分の施設の子が何を思っているのか、何を考えているのかを意見表明会という場で聞くことが出来て良かったです。自分の答えはハッキリしたものが考えられなかった言えなかった分、園に帰ってから子どもたちと対話をして園の中より安心安全に子どもたちがすごしやすい環境に改善出来るように今回学んだことを他職員とも共有して園全体で良くしていけるように、子どもたちと一緒に行動していきたいと思います。／こういう場だから言えることというのもあったかもしれないが、その思いを日ごろから聞けるように、こどもの思っていること、感じていることを話したいと感じました。

第3節　Ｈ＆Ｈ鳥取県社会的養護意思決定者への提言 検討会

この提言検討会はＨ＆Ｈ合宿に参加したユースが鳥取県内の意思決定者に対しての公聴会で提言する内容を考える企画です。ユース、ユースリーダー、スタッフが多忙で期間が空いてしまいましたが、1日だけ行い23名（高校生7名、ユースリーダー5名、引率職員5名、スタッフ6名）の参加がありました。ユースと職員に分かれて話し合いをしています。

1●目的

本企画は、アドボカシーの定義に基づき「変化を創生」するための鳥取県社会的養護意思決定者との公聴会に向けて、Ｈ＆Ｈメンバー（今回は合宿参加者）で鳥取県内の児童養護施設・児童心理治療施設の各施設長・児童相談所の所長・鳥取県子育て人材局家庭支援課の課長等への提言を検討することを目的としています。

2●プログラム

この提言検討会の企画（表5）もユースリーダー・スタッフ会議で話し合って決めています。期間が空いてしまったため、ユースの熱量が冷めていることを想定して、Ｈ＆Ｈ合宿の写真映像のDVD（音楽付き）を作成し全員で視聴しました。その後、合宿の意見表明会でユースが発表した内容をプリントで配布し、ユースリーダーがリマインドのために説明しています。Ｈ＆Ｈ合宿での提言をベースにして、ユースたち自身が何を提言するのかをユースリーダーのサポート（ユースグループには、スタッフ1名のみ参加）でまとめます（写真35）。

一方、職員は別の部屋で「子どもが意見表明したときに、どのような仕組みでその意見を実現したらよいか」を検討します（写真36）。

表5　H＆H鳥取県社会的養護意思決定者への提言検討会プログラム（会場：鳥取こども学園）

2021年3月6日（土）	
10：00〜	受付（鳥取こども学園　教育治療棟　研修室）
10：15〜	H＆H合宿の振り返り（思い出の映像、意見表明会内容リマインド）
10：30〜	本企画の主旨説明
10：45〜	ユースと職員が分かれて活動 　ユース　→　各施設・児童相談所・県等への提言検討 　職　員　→　子どもが意見表明したときに、どのような仕組みでその意見を実現したらよいかの検討
12：00〜	昼食（おいしいお弁当）
13：00〜	ユースと職員が分かれて活動
16：00〜	解散

写真35　提言検討会（ユース）

写真36　提言検討会（職員）

　予定では最後に30分間、ユースと職員がそれぞれ話し合ったことを共有することも考えましたが、時間までにまとめられなかったことと、ユースリーダーの提案で公聴会前にその内容を職員に伝えることはしないほうがよいということで共有の時間はとりませんでした。ユースの提言は、ユースリーダー5名に一任され、別日にユースリーダーが集まり（スタッフは1名のみ参加）まとめあげています。

3 ● H＆Hユースの提言まとめと職員の話し合いの結果

　ユースの提言は、七つの提言にまとめられました。「子ども間で格差が出ないように携帯電話の所持の見直し」「社会が施設理解を深める必要性、

そのために子どもがボランティアをして『施設はかわいそう』をなくしていく」「施設の生活費について内訳や仕組みを知りたい」「施設のルールについて子どもと話し合って決めたい」「児童相談所の担当変更の解消と子ども目線に立ってほしいこと」「職員の人間関係・職場環境改善により職員の異動をなくす」「職員の担当制への疑問と問題提起」です。

　職員の話し合いの結果は、ユースの意見を反映できるシステムにするにはエクイティー（公平）の原則でユース側に立つ存在が必要であると結論づけました。施設内で誰がユース側に立つかは、職員との関係性・アドボカシーに関する知識量・職員の資質とポジションによるのでシステムにはできないということや、外部のアドボキットの介入も必要であるとなりました。

第4節　Ｈ＆Ｈ鳥取県社会的養護意思決定者への　　　　　ユース主導公聴会

　この公聴会は、Ｈ＆Ｈがユース主導で鳥取県社会的養護意思決定者に対して直接意見表明をした取りくみです。カナダ・オンタリオ州アドボカシー事務所がオンタリオ州のユースたちをアドボケイトしつつ、オンタリオ州議事堂で社会的養護の意思決定者（省庁の大臣等）へ直接提言した公聴会に倣って鳥取県で試みた実践です。

1 ●公聴会の準備

　公聴会に向けて、Ｈ＆Ｈユースリーダー・スタッフ会議を2回開催しています。会議では、提言を考えたユース自身が直接意思決定者へ提言をしたほうが伝わりやすいという意見が出され、ユースをユースリーダーがサポートして鳥取県庁で対面での公聴会を開催する方針となりました。筆者が鳥取県の行政および施設長にこの取りくみの意義を説明すると、すぐに理解を示してくださり快諾でした。

写真37　公聴会準備（リハーサル）

しかし、コロナ禍のため直前に開催が難しくなり、公聴会の中止を迫られました。オンラインという方法もありましたが、オンラインではユースの熱量などの空気感が伝わらないため、初めからその方法は除外していました。そのとき、一人のユースリーダーが「ユースたちが思いをもって考えた提言を中途半端な形でも、今、伝えなければならない。コロナ禍だからできないと言っていたら、いつまでもできない」と発言したことにより、急遽オンラインでの開催に変更しました。

　この公聴会は日本で誰も実現したことのない未踏の企画であったため、ユースが提言をした後に意思決定者に何を発言してもらうか、H＆Hユースリーダー・スタッフ会議で議論になりました。そのとき、一人のユースリーダーが「恐らく意思決定者も初めてのことだし、この提言をどのように実現するのかを求めてもどうしていいかわからないだろう。大人が言葉で言いわけをすることも予想される。今回はオンライン方式での開催なのでH＆H合宿の意見表明会のときのようには伝わらない。一人ひとりに感想を言ってもらうことにしよう。その感想で『改善するためのやる気があるかどうか』を見たい」と発言し、今回は感想のみ言ってもらうことに決まりました。

　公聴会当日は、H＆Hメンバーが事前に鳥取こども学園に集まり、オンラインの会場設定からリハーサルまでユースと職員がパートナーを組んで準備しています（写真37）。

2 ● ユース主導公聴会

　H＆Hによる鳥取県社会的養護意思決定者との公聴会は、2021年8月

24日の18：30～19：30に鳥取こ
ども学園教育治療棟研修室にH＆
Hメンバー（ユース8名、スタッフ6
名）が参集して、オンラインで開催
されました（写真38）。ユースリー
ダーの一人が議長となり、ユース主
導でユースが一人ひとりオンライン
画面上の鳥取県社会的養護意思決定
者（鳥取県家庭支援課長・課長補佐・

写真38　ユースとモニターに映る意思決定
者との公聴会

係長、中央児童相談所長・課長、倉吉児童相談所長、米子児童相談所長、鳥取
県内児童養護施設長・児童心理治療施設長）に対して意見表明をしています。
初めての試みだったこともあり、最初にスタッフである筆者がこの公聴会
の趣旨説明と「大人がユースの意見を聴くときのスタンス」などを話し、
最後に総括的な話をしています。ユース一人ひとりが、意思決定者の方々
の前でも堂々と意見表明をしたことは言うまでもありません。最後に参加
者全員で拍手をして終えています。
　公聴会の詳細は、以下となります。

　　スタッフ：これから鳥取県児童養護施設協議会の当事者グループHope
　　& Home（H & H）の公聴会を始めます。この公聴会は、施設当事者が
　　これだけの意思決定者の前で意見を述べるものとしては全国初だと思い
　　ます。この会を実現できたのは、ひとえに鳥取県家庭支援課の課長をは
　　じめ、県内三児相の所長、施設長の方々のご理解とご支援の賜物でござ
　　います。H & Hのユース、スタッフを代表して謹んで感謝申し上げま
　　す。
　　　本来この会は、県庁で対面方式でやる予定でしたが、コロナ禍にあり、
　　延期も検討されました。しかし、ユースリーダーたちのオンラインにし
　　てでもやるべきとの熱い思いから実現することができました。

　　ユースたちは、昨年度の合宿、提言検討会を重ね、ユースリーダーを中心に意見をまとめました。今日は、残念ながら参加できないユースもいますが、その分はユースリーダーが代弁させていただきます。

　　これから、子どもたちが話をします。聴いてもらうことが大切で、すぐに効果が出なくても、声を発したことで、経験することで、その子どもたちの人生は変わっていくはずです。大人にダイレクトに伝えることを実施する理由は、子どもたちが「目に見えない存在ではなくなる」からです。ユースたちが話している間は、大人は黙って聴く、質問もコメントも拍手もしない。進行は、ユースたちが行うので、その指示にしたがってください。

　　なお、この公聴会はH & Hのアーカイブのために録画させていただきますので、ご了承ください。

議長：私は、公聴会の議長を務めますHope & Homeのユースリーダーの〇〇です。よろしくお願いします。この公聴会は昨年度のHope & Homeの合宿、提言検討会を通してユースの声を集め、意思決定者の方々に届ける会です。今からユースより七つの提言をします。大人はユースの声を聴き受け止めてください。私たちは大人をパートナーと思っています。提言を聞き今後、お互いが話し合いながらつくり上げていきたいと考えます。

　　今からルールを説明します。話すユースには発表の機会が与えられます。大人の方は話さないでください。この時間は私たちの話を聞いてもらう時間だからです。なお、この会は厳粛な会ですので発表の後、拍手は控えてください。それでは最初の方、発表をお願いします。

【提言1　Wi-Fiについて】

ユースA：施設にWi-Fiの設備を設置してほしいです。現状だと、子どもたち個人でデータプランの違いや保護者が支払いをしてくれるなどの関係で料金に個人差が出てきてます。それにより、子どもによっては不

利になっている人もいます。また、料金のことで子どもが保護者に気を使っている子もいます。しかし、Wi-Fiを設置しただけだと、保護者が携帯電話の料金を支払うのには変わらないので個人差は解消されません。Wi-Fiを設置することと共に施設の携帯電話の所持についてのルールの見直しをする必要があります。料金の支払い方についても子どもと大人が話し合うことが大切です。検討事項としては、子どもと大人が平等な関係で生活するための対策。大人は仕事でWi-Fiに接続しているのに子どもは使えないので平等ではないので使わせてほしいです。

【提言2　ボランティアについて】
ユースB：児童養護施設のことやそこで生活する子どものことは、学校や社会に知られていない点です。

　私たちができることは施設のことを社会に伝えていくことです。その取りくみの一つとして、施設でのイベントを学校や社会に案内して参加してもらう、ポスターをつくって施設のことを知ってもらう、などが考えられます。また、社会に目を向け、施設で暮らす私たちがボランティアを通して社会貢献をすることで、施設のことを知ってもらう機会も多くなることにもなります。私たちが社会貢献をすることで「施設はかわいそう（同情）」と思っている人たちとお互い肩を並べる必要があります。施設を知ってもらい、社会の子どもと施設の子どもが平等でお互い認め合える関係を築いていきたいと考えます。

【提言3　施設の生活費について】
ユースC、D：おこづかいなど使うお金が決まっている点です。決まったお金の中でやりくりしているので、日用品など必要最低限のものしか買えません。友人との外食や遊ぶためのお金も必要なのにあまり使えないです。自分で節約や、やりくりしているけどお金が足りていない状態です。

　今までは施設職員が費用を把握していることを当たり前に感じていました。詳しく知ろうと思っていませんでした。今回の「提言書をつくる」というきっかけから、改めて知りたいと思いました。

　生活費について施設職員と相談、話し合いたいと思いました。

　何で職員だけで生活費を決めているのか、生活費を使うのは子どもなのにその内訳を教えてくれないのか、生活費についてどのように決めているのか、理由や詳細を聞きたいです。理由を聞いたうえで施設職員と話し合い、生活費について決めていきたいです。

【提言4　施設のルールについて】

ユースE：私の施設はルールが統一されていません。ホームが変わったときに、新しいホームには今までとは違うルールがあり、そこのルールに慣れるのに時間がかかるので大変でした。ルールが違うので混乱します。施設でルールが統一されていれば、ホームが変わっても生活が変わらないので混乱することは少なくていいです。

　前から決まっている施設・ホームのルールはどのように決まっているのか、昔に決まったルールがそのまま話し合いもしないで使われていないか、子どもたちで今のルールについて話し合いをしてその後、職員とも話し合いをしてルールを決めることはできないでしょうか。

【提言5　児童相談所の担当について】

ユースF：児童相談所の担当の人は施設職員に相談しにくいことを相談できる場所であってほしいです。児童相談所の担当がすぐに変わるから相談しにくいです。なぜすぐに変わるのか、教えてもらいたいです。私たちに会う回数を増やしてほしいです。

　児童相談所の担当の人が1年に1回は変わることもあります。年に数回しか会わないのに「なんでも相談して」と言われても、ほぼ初対面で何も知らない人に対して話しにくい、相談はできないと思います。一度

相談したときに適当な返しがきて、嫌な気持ちになりもう相談したくないな、と思いました。

　私は児童相談所の担当の人は施設の大人に相談しにくいことが相談できる人だと思います。外部の人だからこそ相談しやすい人であってほしいと思います。

　そのために、年に数回ではなく会う回数を増やして、お互いを知ることが大切だと思います。また、会うときにその子どもがどういう状況であるかを施設職員に聞き、理解してから子どもと話すようにしてほしいです。話をするときも大人目線ではなく、子どもと同じ目線で話を聴いてもらえると、子どもが嫌な気持ちになることが減ると、信頼して相談できると思います。

【提言6　職員の異動について】

ユースG：私の施設は職員（子ども）の異動が多いです。そのたびに環境が変わって不安になります。変わり過ぎてその人の考えを理解することが大変、人間関係を築くことが追いつかないです。信頼している職員が変わるため不安になります。施設職員の個人的要因によるホーム移動でない限り、移動はなくしてほしいです。子どもも職員も安心して生活できる環境になるべきです。

　そのためには施設職員の移動をなくして、今ある生活環境の質を深めていく。施設職員の移動の理由の一つは心理的負担があるためですが、具体的には、

- 施設職員同士の厳しい上下関係やハラスメントをなくす。
- 親しき中にも礼儀がある。そのため相談や悩みごとを身近にいる職場の先輩に言い出すことが難しくなっているのではないか。

　そのようなことを減らすには定期的にアンケートの実施や園長などの面談を実施して環境改善を図るようにします。それによって、職員間に余裕ができ、子どもとの関わりが深まり、より良い関係づくりができる

ことと、信頼している職員の移動が少なくなり、子どもたちの不安も軽減されると思います。

　職員の移動には人材不足も問題の一つになる。施設には勤務形態、働きやすい環境づくりを整備してもらう必要性があります。

【提言7　職員の担当制度について】

ユースH：子ども、大人の1対1の担当制度について、なぜ担当制度をとっているのかを知りたいです。また、学校のクラス替えのように毎年、生活する場所、人（子ども、大人）が変わることが子どもたちの気持ちを考えてしていることなのか？　担当制度なので限られた人にしか相談できません。信頼できない人には相談もできないし、新人職員のときには何も分かっていないので困ります。信頼している人が担当じゃないときは自分の意見が言いにくいことがあります。

　そもそも担当制度はいるのでしょうか？　ホーム、施設の大人全員が担当にすることはできないのでしょうか？　もし、担当をつけるなら、その子が話しやすい人にしてほしいし、担当を決めるときに子どもの意見も聞いてから考えてほしいです。

議長：ユースの発表は以上です。提言を聞いて感じたことや行動に移そうという気持ちを大人の方から意見表明として聞かせてください。公約をすることや実行することを約束してほしいとは考えていません。純粋に今の声を聴いてパートナーとして一緒に取りくんでくれる気持ちを聞きたいのです。それでは、順番に感想をお願いします。（意思決定者全員が感想を述べる）

　これで、公聴会を終わります。参加していただきありがとうございました。

スタッフ：今日、ここで意思決定者の方々は、ユースの生の声を聞きました。聞いてしまいました。社会的養護というのは、今入所している

ユース、これまで入所していたユースが、施設の、鳥取県の、日本政府の子どもであるということです。

　子どもも大人も、何かを変えようとするとき、最もパワフルで重要なのは、当事者の証言です。なぜなら、本で書いてあることでなく、理論でなく、自分の経験（生きてきた知恵）を話すことが重要で、それは誰も否定できないからです。「百人の子どもは、百人の人間」とヤヌシュ・コルチャックは言っています。子どもといえども、大人と何も変わりません。10代の子どもの特権は「文句を言うこと」「苦情を言うこと」「批判をすること」です。大人に苦情を言うことは、「安全である証明」「信頼している証明」「子どもが勇気をもって言える力がある証明」だと言えます。

　これからユースと大人が、互いの本音を聴いてパートナーになって、社会的養護や社会をより良いものへと変えていきましょう！　以上で Hope & Home の公聴会を終わります。ありがとうございました。

3 ● 公聴会その後

　この公聴会が終わった直後、ユースリーダーが進行してユースたちが感想など話し合いました。ユースリーダーの感想の中で「これは始まりにすぎない。意見を言っただけで何も実現していない。みんなでH＆Hを盛り上げて施設を、鳥取県を、社会を変えていこう！」という言葉が印象的でした。

　H＆Hがかかげた子どもアドボカシーの「『変化を創生』することに重点を置く」からすると、目標を達成したとはいえませんが、児童相談所担当者の子どもへの面会が増えつつあるなど、少しずつ変化は見られます。意思決定者の方々もユースの意見表明に対してインパクトを受けた感想も聞かれます。ユースリーダーが言うように、これは始まりにしかすぎません。

第5節　Ｈ＆Ｈユースによる大人の会議への参加
──鳥取県版子どもの意見表明をサポートする仕組み（鳥取県版アドボカシー）の構築についての検討会

1 ● 大人の会議へユースが参加

　2021年8月27日と2022年1月28日に、鳥取県が主催の「鳥取県版子どもの意見表明をサポートする仕組み（鳥取県版アドボカシー）の構築についての検討会」が鳥取県庁で実施されました。これまでこのような会議には、当事者ではなく各種団体の代表者（大人）のみが話し合いに参加していました。しかし、Ｈ＆Ｈの活動が鳥取県で認められ、委員の中にＨ＆Ｈの代表者2名が選ばれました。それも措置中のユース1名と施設を退所してから間もないユース1名です。筆者もこのユース2名のアドボキットとして参加しています。この出来事は、これから社会的養護の仕組みを考える際にとても大きなパラダイム転換だと思います。

　第1回の会議は、「子どもアドボカシー」の共通理解・勉強会から始めています。「子どもアドボカシー」の研修というと子どもアドボカシーの理屈から入ることが多い中、鳥取県ではＨ＆Ｈのユース自身がＨ＆Ｈの活動をプレゼンすることを通して、「子どもアドボカシー」を理解する方法をとっています。第2回の会議では、鳥取県が提案した事業について、参加したユースが意見を述べています。

2 ● 実践することにより見えてきた課題

　大人の会議へユースが参加することは、大人もユースも初めての経験です。実践してみて分かった課題が四つあります。その課題をユースの言葉を通して述べたいと思います。

　一つ目は、第1回の会議が終わった後の帰り道でのユースの次のような言葉で分かります。

　「親に育てられる家庭が正常で、施設にいる生活が正常じゃないから救済するという考え方は、私たちに対する偏見である」
　「会議で、ある人が『保護してあげる』『〜してあげる』を連発していて、上から目線で嫌な気持ちになった」

　筆者はアドボキットとして、「子どもアドボカシー」をよく知るものとして会議に参加したつもりでしたが、会議中は、恥ずかしながらそのような発言に気づきませんでした。このユースの言葉は真実であり、支援者の中にもどこか差別的なスタンスや子どもを対象化するスタンスがあることに気づかされました。
　二つ目は、第2回の会議での出来事で分かります。ユースと大人がパートナーを組んでやっていくには、スピード感の違い（大人のしがらみとユースたちのペースの違い）をどう解消していくかの課題が露呈しました。ユースが「提案と言ってきたけど、ある程度決定事項として相談されたことに残念な気持ちになった」と言うように、大人の世界では限られた時間枠の中で成果を挙げなければならない。そこには、大人世界のしがらみやヒエラルキーによる意思決定が存在し、ユースのペースに合わせることをしない文化があることを痛感しました。
　三つ目は、会議の進め方でユースに分かる言葉で整理しながら説明する工夫が必要であることです。会議中に一つの議題を順番に進行しているときに、違う話題に外れていきユースがアドボキットの筆者にアイコンタクトをしてきて、進行を元に戻す場面がありました。そのとき、会議の参加者の方々に「ユースに分かる言葉で、進行は順番に整理しながら分かりやすくお願いします」とアドボキットからお願いしました。
　四つ目は、大人世界のステレオタイプ的な発想とユースの自由な発想のズレです。例えば、「『専門性』を身につけるには研修が必要である」というテーマがある場合、大人は「研修＝座学」といったステレオタイプ的な発想をしがちです。一方、ユースは「私たちが経験してきた子どもアドボ

カシーは、ユースが意見を言うまでの過程を踏んで実際に意見表明を直接、職員や意思決定者に伝えることで、それを聴いた大人たちが深く子どもの権利を学ぶことになる。研修や講座が悪いわけではないけど、子どもの権利とは？といった基礎的な研修をいくらやってもその周辺をウロウロするだけで表面的。浅い知識でウロウロするのか、深くそのものズバリでやっていくのかで大きく違ってくる」と言うように、自由な発想をします。

　ここで注意しなければならいことは、「ユースが参加すると面倒である」とならないように、パラダイム転換を大人が受け入れ、歩みよることが必要です。

第6節　H＆Hの新たな挑戦

　公聴会実施後の2021年10月になって、あるユースリーダーがスタッフに相談があると言ってきました。10月29日に最少人数のユースリーダー会議を開催し、相談してきたユースリーダーの思いを聞く会を開きました。その内容は次の通りです。「皆さんに相談がある。今のH＆Hだったら自分は辞めようと思う。理由は、二つある。一つ目は、大人中心に傾いていること。大人が提案したことに対してユースが『うん』と返事をして進んでいくことが多くなり、ユースが受動的になっている。結果を求めると、どうしても大人主導になってしまう。二つ目は、ユースリーダー同士・ユース同士が仲良しではない。ユースリーダー会議はやっているが、お互いをよく知らないし、すごく仲がいいわけではない。みんな忙しく、活動時間をとるのが難しい中で、仲がよく、楽しくないと出席しにくくなるし、モチベーションも上がらない。これを解消するための提案としては三つある。一つ目は、ユース同士がコミュニケーションをたくさんするために、スパンの短いユース会議を定例化する。出られる人だけ出ればよいし、オンライン参加もOKとする。二つ目は、ユース会議・ユースリーダー会議に参加する大人の数は最小限にする。使える予算や条件等の情報

を与えてくれれば、あとはユース同士で考える。三つ目は、合宿や公聴会ありきではなく、ユースの話し合いの延長にそれがあるというふうに、ユースのペースで進めていく。最初に公聴会まで突っ走ってきたが、今はH＆Hの今後の土台づくりをしているところなので、コミュニケーションをたくさんして次世代ユースリーダーを育てる必要がある」。

　この言葉から「ユースリーダー・スタッフ会議」は「ユースリーダー会議」として大人は 2 人のみ参加することになりました。ユースリーダー会議の開催スパンも短くなり、ユースリーダー主導で企画からユースメンバーとのグループラインでのコミュニケーションまでするようになりました。前述の発言をしたユースリーダーが実質的なH＆Hのリーダーとして牽引していく存在となって、2021 年度にこれまでのスタッフの介入を最小限にした、今後のH＆Hの土台づくりをするための合宿を真の意味でユース中心に企画しました。しかし、新型コロナウイルスの特別警報のために中止となりました。

　このままではH＆Hからメンバーの気持ちが離れていくという危機感から、H＆Hのロゴをつくってブランディングしよう、そのロゴ入りグッズをメンバーに配布していくことで自分たちのH＆Hという所属感をもつようにしようというアイデアが出され、来年度、新規に加入してくるユースのためにも、鳥取県からの補助金の有効活用をさせていただくことになりました。

　ロゴは専門学生（グラフィックデザイン等を勉強している）のユースリーダーがデザインし、図 2 のように決定しました。このロゴは、Hope & Home（H＆H）は「希望」と「自分たちの居場所、心の故郷」だから、その「自分たちの居場所、心の故郷」から「つながっていき」「希望」へ向かっていく、という意味です。

　H＆Hロゴ入りグッズは、使えるものが良いとアイデアを出し、タンブラー（写真 39）とトートバック（写真 40）としました。ちなみに、カナダのユース団体もブランディング戦略として、様々なロゴ入りグッズを

配っているそうです。

　2022年度現在、H & Hはユースリーダーとユース中心に、新たな挑戦をしているところです。

図2　Hope & Home（H & H）ロゴ

写真39　Hope & Home（H & H）タンブラー

写真40　Hope & Home（H & H）トートバック

第4章 コミュニティディベロップメント　アドバイザー（CDA）の役割と条件

　第2部第1章から第3章までの実践は、カナダではコミュニティディベロップメントアドボカシーと言い、その活動を支えるのは主にコミュニティディベロップメントアドバイザー（CDA）とユースリーダー（アンプリファイアー）です。筆者はカナダ・オンタリオ州アドボカシー事務所に4回訪問していることはすでに述べた通りです。3回目の訪問までは、とても話の合うアンディー・リー（Andy Lee）（写真41）というスタッフと共鳴し合うものがあったのか、オフィシャルではないときにも様々なことを話し合いました。そのときは、アンディーがCDAであることは知ら

されていましたが、CDAが何なのかはあまり理解していませんでした。2018年の4回目訪問のときは、鳥取大学・鳥取養育研究所のアドボカシー調査研究のための訪問だったので、オフィシャルにアンディーからCDAの役割のレクチャーを受けました。そのときに初めて知ったのですが、アドボカシー事務所で最初のCDA（2010年）がアンディーだったのです。意識してやってきたわけではありませんが、筆者の役割はCDAと重なる部分が多いと気づきました。

写真41　左は筆者、右はアンディー

　ここでは、コミュニティディベロップメントアドボカシーを実践するときに、筆者がCDAとして実践してきた役割と条件について説明します。

第1節　CDAの役割

1 ● CDAとは何か

　本書の中でCDAについて触れていることと重なりますが、アンディーから学んだ定義を押さえておきます。アンディーは次のように述べています。「同じような経験をしたユース同士が関係性を築き、自分たちのいる一つの小宇宙・コミュニティ・社会をつくることがCDAの仕事です。そのユースたちが求めているのは帰属するところです。その関係性を築くユースのところへ出かけて行って、いろいろな説明をしてつながりをつくります。次に、そのユースたちがコミュニティをつくっていく力の一員になって、そのコミュニティを変えるために自分たちで何をすればいいかというスキルを身につけていくようになるお手伝いをします。ユースと一緒に活動をしているうちに、コミュニティが自分たちで動き始めて、CDAはもうそこにいなくてもよいという状況ができあがります。それが、コミュニティディベロップメントアドバイザーの役割です」。

　高校生トロント交流会、全国インケアユースの集い、H＆Hの活動を述べてきましたが、ユースのコミュニティづくり、ユースリーダーのスキル獲得と自発的な活動への発展を支えていたのがCDAだと分かります。

2 ● CDAとユースリーダー（アンプリファイアー）、ユースアドバイザリーグループ[10]の関係

　CDAとアドボキットは常にユースリーダーにコミットし、支えます。

10　アンディーは、「ユースリーダー（アンプリファイアー）の経験が、すべての子どもたちの経験と共通しているとは言えないんです。少ないアンプリファイアーの人数だけでは、

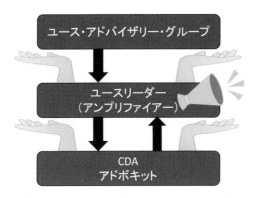

図3　CDAとアドボキット、ユースリーダー、ユースアドバイザリーグループの関係

そしてユースリーダーがユースアドバイザリーグループを支えます（図3）。

　黒い矢印は助言することを意味します。ユースアドバイザリーグループにとっては、自分たちの声を拡大してくれるユースリーダーが頼りになります。アンディーは「よく冗談で言うんだけど、ユースリーダーに『あなたが私のボスだから、今日、私は何をすればいいか言ってくれ』と言うときもあります。でも、冗談で言ったとしても、彼らがプロジェクトを進める中心人物であるというふうに思えば、なんとか自分たちで成功させようという気になるんです」と言っています。

　CDAとアドボキットとしたのは、例えば、H＆Hのユースリーダーが鳥取県版子どもの意見表明をサポートする仕組み（鳥取県版アドボカシー）の構築についての検討会に参加したとき、筆者はそのユースリーダーのアドボキットとして参加するといったことを意味します。

　また、CDAやアドボキットが、ユースリーダーのロールモデルになり、ユースリーダーがユースアドバイザリーグループメンバーのロールモデルになります。そのロールモデルによって、そのコミュニティの長期的な目標が受け継がれていきます。全国インケアユースの集いやH＆Hの合宿

十分な意見を反映していないということで、ユースアドバイザリーグループというのをつくりました」と述べている（2018年9月鳥取大学・鳥取養育研究所訪問調査議事録）。

のときに参加した高校生たちが先輩ユースのスピークアウトを聞いたり、ユースリーダーのサポートを受けたりして、「あんな人になりたい」と感じたことは、まさにロールモデルによるものです。しかし、アンディーは「ロールモデルの一つに失敗をするというのがあります。成功することを期待されるとプレッシャーを感じるわけです。これは、大人でも感じます。失敗してもそこで止まらずに次へ進めば、それでいいんだということを学んでいけます」と言っています。確かに、CDAが失敗したときのほうが、ユースリーダーたちは「何やってんの？」と和やかな雰囲気になり、ユースリーダーにアドバイスをしてもらうといった体験もしました。

3 ● CDAは安心・安全な環境づくりが最重要

　高校生トロント交流会、全国インケアユースの集い、H & Hの活動でCDAが最もエネルギーを割いたのが安心・安全な環境づくりです。その環境さえあれば、ユースがもともともっている力は発揮されることを実体験してきました。その際、最も有効な方法が「遊び」です。特に体を動かす遊びをしていくと、自然にコミュケーションができて、お互いを知り、仲間となります。この環境づくりは宿泊先の細かい配慮までしています。アンディーも同様のことを言っています。

4 ● 長期的な視点での活動

　アンディーからの学びでは「プロジェクトは長期的なゴールが目標です。一回やったから何かを達成するような短期的なものではありません。だから、今回は成功しなかったように見えても、長い目でみて何年かたったら良い結果を生むことも期待できます。ユースは、自分にとって何が良いか本人が一番よく知っています。だから、それを強みとして本人の経験を積み上げていくと考えるわけです。ユース自身が自分にとって良いと思って動き始めたら、いろいろ試しながら軌道修正をしていきます。このような試行錯誤をする機会が与えられない環境であるユースにその機会を

与えることもCDAの役割です」とあります。

　この試行錯誤をする機会を与えるというのが、CDAとして非常に難しい専門性だと思います。筆者自身も全国インケアユースの集いを成功させたい、公聴会を実現させたい等「自分（大人）」の思いが先走って、ユースに指摘された経験があります。大人の時間軸と子どもの時間軸の違いです。アンディーは、「長期的視点のプロジェクトはそう簡単ではないんです。ユースが自分で計画を立てるために必要なツールを身につけていかないと、なかなかやれるものではありません。CDAはプロジェクトプランニングの知識と能力をもったうえでサポートする必要があります」と語ります。さらに「忘れてはならないことは、トラウマを抱えたまま苦しい状況で活動しているユースもいるということです。そこを支えながらサポートしていく必要があります」と言っています。実際に、CDAとしてトラウマインフォームド（トラウマをよく理解した）な対応をした場面はありました。

5 ● ユースや社会的養護関係者、鳥取県市民へ「子どもの権利」の普及

　アンディーからの学びでは「できるだけ多くの子ども、若者に子どもの権利を理解してもらうことが重要です。国連子どもの権利条約から、具体的にオンタリオ州ではどういう法律になっていて、その法律が子どもたちの生活にどのように関わっているのか話をします。また、子どものための仕事をしているけど、案外『子どもの権利』を理解していない場合があります。子どもの権利条約が自分たちの仕事と関係していることを理解してもらう必要があります。実際に、そこでプレゼンテーションする場合は、CDAだけでなく当事者の子どもたちが行って、直接やることが多いです。そして、訪問先は、法律で定めている分野（精神、知的、盲聾唖学校、少年院等）に幅広く訪問しています」。

　これについては、これまでのユース合宿等の中で「子どもの権利ワーク

ショップ」やユースリーダーへの説明を行っていますが、まだ不十分で
す。他には、鳥取県版子どもの意見表明をサポートする仕組み（鳥取県版
アドボカシー）の構築についての検討会や各種団体に対して、CDAとユー
スがプレゼンテーションをしたり、CDAのみで「子どもの権利」に関す
る講義を一般市民に行ったりしています。

6 ● 社会的養護意思決定者とユースのコミュニティづくり

　CDAは裏の活動（環境づくり、様々なマネジメント等）が鍵となります。
アンディーからの学びでは「ユースたちが自分たちの環境を具体的に変え
ていくために政策提言等をしていきます。本来、ユースたちが属するコ
ミュニティの中に、政府の機関も入ってなければならないはずです。とこ
ろがユースたちには、政府の機関が自分たちのコミュニティの一部だと思
えない。むしろ敵対するような感じです。だから政府の機関も一緒になっ
て、子どもたちにとって良いものをつくり上げていく一員になるように、
政府に働きかけて変化を起こすということが必要です」とあります。

　H＆H結成前に、筆者は鳥取県児童養護施設協議会の施設長会に飛び
入り参加を申し出て、子どもアドボカシーやユース活動の重要性を説明し
ています。また、鳥取県議会議員や社会的養護関係行政の意思決定者の
方々には、ユースと共につくる子どもアドボカシー機関企画書を一人ひと
りに配って回りました。他にもアーウィン・エルマン氏と菊池幸工氏によ
る鳥取県意思決定者との意見交換会企画や国際シンポジウムの企画等に携
わっています。これが鳥取県の良さでありますが、各施設長や鳥取県議
会議員、鳥取県行政の方々はすぐに理解を示してくださり、各施設から
Hope & Homeへのユース参加、鳥取県からのH＆H活動資金の助成等が
実現しています。

　CDAが日頃から社会的養護関係者やその意思決定者の方々とつながり
をもち、そのコミュニティにユースのコミュニティを徐々に重ねていく活
動をしています。例えば、H＆Hによる鳥取県社会的養護意思決定者へ

の公聴会、鳥取県版子どもの意見表明をサポートする仕組み（鳥取県版ア
ドボカシー）の構築についての検討会への H＆H ユース参加などです。

7 ● CDA はユースリーダーの人生のサポートもする

アンディーからの学びでは「CDA が意識しておかなければならないの
は、ユースリーダーの契約[11]が終わった後の進路を考えることです。人生
を歩んでいくためのスキルを身につけていくサポートをするのも CDA の
役割です」とあります。CDA がユースのコミュニティの一員になること
は、家族の一員のようなものです。実際に筆者もすべてのユースではあり
ませんが、サポートしたこともあります。

第2節　CDA の条件

2015年の第1回高校生トロント交流会のときに、アンディーと筆者が
意気投合して盛り上がった会話は、お互いがいかに多岐にわたった仕事を
していて忙しいかということでした。そのときの会話の一部は以下のよう
な内容です。

> 筆者：アドボカシー事務所は専門機関である。日本ではこのような機関
> がないため、施設職員が何でもしなければいけない。子どもの意見表明
> の保障に関する組織化がしにくく、その継続が難しい。だから、アドボ
> カシー事務所のような機関が日本にもあったらいいと思う。アンディー
> の考えは？
>
> アンディー：僕も前は施設職員だった。しかしこのアドボカシー事務所
> では細分化しすぎて、全体が見える人材がほしい。アドボカシー事務所
> は、もしかしたら日本文化に合わないかもしれない。

11　カナダ・オンタリオ州アドボカシー事務所では、ユースリーダー（アンプリファイアー）
　　を1年間の有償雇用契約としていた。p. 197参照。

　アンディーの言葉がどういう意味なのかは、2018年のアドボカシー事務所への調査研究のときに理解できました。それはどういうことかと言いますと、アドボカシー事務所のベテランのアドボキットやCDAが口を揃えて言うことは、「組織が大きくなると官僚的になり分業化が起こってしまい、全体が見えなくなって柔軟な対応ができなくなる」ということです。また「現実は複雑で白黒はっきり分けられないことが多く、やればやるほど自分が知らないことを思い知らされる。善意で貢献したいと入ってきた人が打ち砕かれることも多々あり、常に改良改善をしていく柔軟性が必要である」というアドボキットもいました。

　CDAのアンディーのバックグラウンドは多彩です。大学でソーシャルワーク専攻、施設（グループホーム）、CAS（児童相談所）、グラフィックデザイナー、ケアの若者にアートの授業を経て、アドボカシー事務所に勤めています。勤めながら、プロジェクトプランニング等のスキルをつけるためにビジネススクールでも学んでいます。要するに、社会的養護をよく知り、様々な知識と経験があり、柔軟性に富んだ人物です。とにかく笑顔で話し、日本の高校生もすぐに打ち解けて集団の力動を利用するのがうまい印象です。

　後づけではありますが、筆者が実際にCDAの取りくみをしたときも、様々な知識・経験が必要でアンディーやアドボカシー事務所の皆さんのお話しに共感しました。常にユースに学ぶ姿勢をもちながらも、ユースに様々なツールを与えたり、環境を整えたりするのに自らあらゆることを学んでいくことが必要です。あとは、前述のCDAの役割のような考え方をもつことが大前提です。

　このように書くと、「そんな人物は、そんなにいないのでは？」と聞こえてきますが、全国インケアユースの集いで、あるユースが企画係の大人（CDA）を募集する際に次のような条件をつけました。

　　•子どもの意見を、対等な立場で聞ける人

- 発言・行動に自主性のある人（やる気のある人）
- 忖度をしない人
- 子どもの権利擁護活動に従事した経験を得たい人

　これこそCDAやアドボキットの条件だと思います。あとは活動しながらユースに学び、自らも必要な様々なことを学んでいけば良いと思います。筆者もよくユースの前で「みんな、忙しいから参加は難しいかも」などとネガティブなことを口にするのですが、別々の場面で別々のユースから「やる気の問題じゃない？」と同じ言葉を言われます。ユースに学ぶことは本当に多いと思います。

　最後に、筆者がこれまで子どもアドボカシーについて学び、子どもたちと一緒に実践して、重要だと思うことを述べてこの第2節のまとめとします。

　2022年6月に、「こども家庭庁設置法」と「こども基本法」が成立しました。子どもを真ん中に置き、子どもの声を聴き、子どもが参加するといった子どもの権利条約の法律的な理念枠組みができたことは歓迎すべきことです。しかし、「子どもが参加する」については実際にどのように実行していけばよいかわからないのではないでしょうか。現時点で、その答えはHope＆Homeの活動の中にあると思います。

　子ども参加の活動をするときに最も重要で、乗り越えることが難しいことは五つあります。一つ目は、大人が子どもを守るといった「子どものために」ではなく、「子どもと一緒に」という考え方にシフトチェンジすることです。これまで述べた子どもの声からもわかる通り、どうしても「子どもたちを救ってあげる」になってしまうのを「パートナー」のスタンスになることです。二つ目は、「子どもの最善の利益」は大人の言い訳になることに注意することです。カナダに行ったときに、今ではこの言葉は使われていない、なぜなら大人が言い訳に使うからと聞いて衝撃を受けました。カナダでは「子どもの権利」と言っています。三つ目は、子どものこ

とは一番よく知っているという驕りを捨てることです。子どもと一緒に生活しているから、自分がその子どもの気持を一番よくわかっているという施設職員や里親がいます。しかし、これまでの模擬公聴会や意見交換会や意見表明会を経験して、それは幻想であることがわかりました。わかる努力をすると言った方が正解だと思います。四つ目は、大人が子どもの話を最後まで聴き、子どもが大人の話を最後まで聴くことは意外にできていないことです。これも模擬公聴会などで、職員と一緒に生活していた子どもが「職員の自分に対する思いをはじめて知りました」と必ず言うことからもわかります。五つ目は、これが一番重要で筆者もいつも反省することなのですが、子どもには意見を言う力があると信じることです。筆者は多くの子どもたちから「自分たちを力のない弱い人間だと勝手に思わないでほしい」という訴えを聞きました。実際に子どもアドボカシーについて知っているつもりの筆者でも、数えきれないほど子どもの力を疑ってきました。今でも、これが一番難しいと感じています。

　近年、子どもアドボカシーは第三者がするものと限定的に理解している方が多いことを危惧しています。子どもに関わるすべての人がアドボキットであり、CDAになりえます。そのとき、この五つの重要事項を常に確認しながら子どもアドボカシーの実践をしてほしいと強く願います。

コラム 1	児童養護施設等の「自治会」から「コミュニティディ ベロップメントアドボカシー」へ

　筆者は、カナダでアドボカシーを学ぶ前の7年間（2007～2013年）、児童心理治療施設の男子ブロック中高生会[12]のファシリテータ（今思えばCDA）をしていました。男子ブロックとは、小学生～高校生までの男子児童を二つのホーム（一つのホームに7名の児童、3名の職員）に分けて、その2ホームを男子ブロックとしたものです。筆者は、その男子ブロック長（当時は主任児童指導員）として統括する立場でしたが、ホーム職員だけでは抱えきれない対応や、スーパーバイズ等々、実に多くのことを支援者としてやっていました。子どもの意見表明を受ける側の職員がアドボキットになれるのか？と思いましたが、どのようにしたかと言いますと、中学生・高校生に「男子ブロック中高生会のときだけは、僕は徹底的にあなたたちの味方になります。この学園の組織構造や職員の手の内もすべて説明します」と宣言したのです。当時、アドボカシーのやり方は学んでいませんでしたが、CDAとしては成り立っていたと子どもたちの活動やその成果から評価できると思っています。

　成果としては、中高生会で選挙をして会長・副会長を決めて運営・進行はそのリーダーたちがやったこと、一人ひとりがみんなの前で自信をもって意見が言えるようになったこと、意見が言いにくい子どものために自分たち独自の意見箱（職員は鍵の暗証番号を知らず、会長・副会長しか知らない）を風呂の脱衣所（子どもの提案で人に見られない場所）に置き、その意見箱の意見も丁寧に一つの意見として取り扱ったこと、施設の伝統的な行事のやり方の改善、建物のバルコニーを施設的にならないように取り替え、ホーム職員の対応改善、女子中高生会発信での服代の値上げ・物干し場の改善、中高生会の決議で議事録を逐語

12　山下学・藤野謙一「生活型における小舎ブロック制と入所児による自治会組織の取り組み」『心理治療と治療教育　全国情緒障害児短期治療施設紀要』21号、2010年、pp. 73-82。

録で法人内すべてに公開、施設訪問者でも子どもたちが許可すれば中高生会議を傍聴可、災害募金活動等です。

　施設職員がCDAとして成り立った要因を自己分析しますと、子どもの意見を尊重して決して否定しないこと、口を挟まず議論の展開をじっと見守り助けを求めてきたときだけ情報提供（自分の考え等、結論的なことは言わない）すること、施設や職員の組織構造の情報提供と改善戦略の選択肢があたえられたこと、グループワーク理論（集団力動）を理解していること等があります。高校生トロント交流会に参加したあるユースは、子どもの権利を理解していること、大人世界で忖度しないこと、やる気があること等を条件として挙げています。施設で生活している子どもたちは、我々の想像以上に修羅場をくぐってきているので、大人を見分ける能力が高いと思います。筆者の普段からの「子ども一人ひとりを大切にする」姿勢が受け入れられた要因なのだと思います。

　この男子ブロック中高生会は、7年で自然消滅してしまいました。筆者が多忙になり、その時間をとれなくなったことが原因で今でも申しわけなく思っています。他の職員に引き継いでいこうと、何人かの職員が継続的に参加していたのですが、いくつか挙げた条件をみたしていることは難しいことや時間的な余裕がないと厳しいものがあり引き継ぐことができませんでした。

児童養護施設等の個別の権利アドボカシーへの応用

　施設現場では、子どもと職員の関係が悪化することはよくあります。そのときよく起こることは、無視、反抗、悪口等々です。先輩職員からのよくあるアドバイスとして「一生懸命耐えて子どもに寄り添っていけば、時間が解決してくれる」「子どもに謝り、子どもの気持ちを聞いてあげなさい」「新任だから試しているんだよ」等があります。もちろん、間違ってはいませんし、筆者もそうしてきました。しかし、第2回高校生トロント交流会の模擬公聴会を体験して気づいたことは、「お互い黙って、最後まで話しを聴く」というとてもシンプルなことができていないということでした。子どもも大人もお互い何を考えているのかが、分かっていないから防衛（無視、反抗、悪口等）が働くのです。子どもの意見表明といっても、「あなたの気持ちを話してみなさい」「じゃあ、どうしたらいいの？」と突然言われてもなかなか答えることはできません。職員も「私はあなたのことを大切に思ってるよ」「あなたの気持ちはよく分かっているよ」とだけ言い、子どもには伝わらないことがあります。

　筆者は模擬公聴会のやり方を個人レベルで応用して使えるのではないかと思い、実践してみました。まず、子ども側には、その子どもと愛着関係が結ばれている、あるいは話しやすい職員を徹底的に子どもの味方になるアドボキットとしてつけます。職員には、子どもに話す内容を3〜5分（個人レベルでは5分が適当）で子どもに分かる言葉で話せるようにまとめておくようお願いします。テーマは「施設の職員になってから、その子どもに対する思いや変えたいこと、やりたいこと」です。アドボキットになる職員には事前に「ユースが意見を考える、意見を言うときのガイド方法」を伝え、「問題解決の魔法の言葉」に沿って子どもと一緒に考えるように伝えます。意見表明の当日は、本人が言えるところは本人に任せ、言えないところは代弁をするようにお願いします。ただし、強調しておくことは、すぐに代弁するのではなく、本人が言えるのか言えない

のかの判断は時間をかけてもいいので待つことが大事だということです。一方、職員には「大人がユースの意見を聴くときのスタンス」を伝え、意見表明の当日は、子どもが何を言ってくるかは分からないから原稿を準備していても、その話の内容も含めて心から話しをするようお願いします。当日は、できるだけその問題に関わっていない人物が進行役で、最初に二人の意見表明者に「今から〇〇さんと△△さんが思っていることを話してもらいます。今からそれぞれが話す内容は、本に書いてあることでなく理屈でなく本人自身が考えていることなので誰も否定はできません。だから自信をもって堂々と話してください。あと、お願いしたいことが一つあります。相手が話しているときは最後まで黙って聴いてください」と話してから、子ども、職員の順に話してもらいます。アドボキットは子どもの後ろ、斜め横、横と子どもの話せる状況に合わせて座ります。

　実際にやってみると、普段自分の意見が言えない子どもが、アドボキットの職員とその子どもの間で代弁することになっていたことも、しっかりと自分自身の言葉で意見を言うことができました。職員は、話す内容を原稿に書く段階で泣いており、本番は心を込めて話しました。お互いの考えていたことが分かり、和解してパートナーになった瞬間でした。

第3部

人間発達の原理をもつ
アドボカシー

畑　千鶴乃

オンタリオ州子どもとユースアドボカシー事務所が追求したアドボカシーの実践原理

第１節　オンタリオ州子どもとユースアドボカシー事務所が開発したアドボカシー４層構造

　カナダでも、先行研究では国内のアドボキットの役割と権限に関してほとんど注目されてこなかったと指摘し、[1]ユースの声や意見を聴き、彼らの生きた経験から学ぶためには、ユースの関与とパートナーシップをカナダ全土のすべての子どもアドボカシー機関に浸透させることが有益である、そして子どもアドボカシーの多彩なアプローチを国全体へ啓発することが有益だと示しています。[2]子どもアドボカシーの多彩なアプローチとは、子ども個別に関わることだけでは語り尽くせない、子どもやユースの声を増幅させ、法律や仕組みを改善させると同時に、子どもを取り巻くコミュニティそのものを変革させていくという権利ベースのアプローチの入り組んだ作用のことを指しています。以下、オンタリオ州が子どもと共に切り拓いた、その多彩なアドボカシーを今一度紹介します。

　オンタリオ州アドボカシー事務所（以下、アドボカシー事務所）によって開発された子どもアドボカシー実践は、切れ目なく展開されることで、かつては見えない存在としておかれていた子どもたちの存在を、権利を行使

1　Daniella Bendo *The Role of Canada's Child and Youth Advocates: A Social Constructionist Approach*. Faculty of Social Sciences, Brock University St. Catharines, Ontario, 2016, p. 7.

2　同上、p. 119。

するひとりの人間による独立した声として敬意をもって扱われるよう最大限支援してきました。そして子どもやユースの権利を守る義務のある大人たちが、その責任を果たす行動を起こせるよう働きかけてきました。その先駆的な実践は、後にカナダ国内のみならず世界から賞賛され、世界をリードする子どもアドボカシーモデルとして注目されるようになります。ウクライナの子どもオンブズマンはアドボカシー事務所の活動をモデルにし、交流を行ってきました。

　なぜ注目されたか、それはひとえに、子どもやユースと大人とが「パートナー」となり、常に子どもの声に耳を傾け彼らに導かれながら、彼らが抱える問題を共に提起するアドボカシーの目的と原理の貫徹です。これらは、オンタリオ州子どもユースアドボキット法（以下、アドボキット法）の第1条と第2条に規定されており、あらゆる側面を通じて、「子どもやユースの参加を意味のあるものにするためのモデル（お手本）」となることを原則として定めています。アドボカシー事務所はこの条項を真摯に体現してきました。

　上述の目的と原理に沿って、子どもの声を確実に聴くためには、一人ひとりの子どもに根差した多彩で包括的なアドボカシーが求められます。そこでアドボカシー事務所は、オンタリオ州子どもユースアドボキット法に根差し、目の前の子どもの声に合わせて四つの重なり合わさったアドボカシー機能を発展させてきました。個別の権利アドボカシー、システミッ

3　2019年　アーウィン・エルマン氏カナダヤヌシュコルチャック協会「ヤヌシュコルチャック像賞」受賞。http://www.januszkorczak.ca/news/awards-and-scholarships/（最終アクセス日2022年11月17日）
　　2019年　カナダチルドレンズエイド基金「スタンドアップフォーキッズナショナルアワード」受賞。https://www.cafdn.org/stand-up-for-kids/stand-up-for-kids-national-award/#1611240321750-b6e8eac8-31ce（最終アクセス日2022年11月17日）
4　"Message from the Provincial Advocate" 2017 Report to the Legislature -Young People Office of the Provincial Advocate for Children and Youth p. 12.
5　Provincial Advocate for Children and Youth Act, 2007. https://www.ontario.ca/laws/statute/07p09#BK1（最終アクセス日2022年11月17日）

クアドボカシー、コミュニティディベロップメントアドボカシー、検証・調査です。アドボカシー事務所はこのアドボカシーの層構造を「layered advocacy」と名づけ、子ども自身の人生に影響を与える意思決定に自分の思いや願いが反映されるよう子どもの声を増幅させることに専心してきました。ここで4層から成るアドボカシーを概観します。

1 ● 個別の権利アドボカシー

　事務所は毎年、電話、メール、SNSを通じて子どもやユース、その家族、ケアギバーなどからのメッセージに応答してきました。彼らが何を望み、どうしてほしいと願っているのか、その声に耳を傾けてきました。権利侵害にあった子どもの思いや悩みを聞きながら、子どもと共にアドボカシー計画を立て、それを実行するためにどのような支援がほしいか子どもから直接指示を受ける権利ベースの方法を編み出したのです。アドボキット法第16条(1) には、子どもからの苦情を受けて対応することや子どもの思いや希望を表明することの他に、子どもやユースとサービスを提供している機関、提供者との間の問題を解決するときに、形式にとらわれない方法を用いることを定めています（アドボキット法第16条(1) (d)）。この規定があることで、子どもの発達、子どもの思いや希望・願い、子ども主体にした実現可能性など子どもの側に立ち切ることを可能にし、子どもと共に個別の権利アドボカシーの術を模索し続けたと言えるでしょう。

2 ● システミックアドボカシー

　こうして子どもやユースの苦情に耳を傾け、問題解決のために子ども個人と向かい合っていると、サービス提供側の施策や実践の中である特定の傾向やパターンがみえてきます。アドボキット法は、アドボキットに子どもやユースを代表してシステミックレビュー（Systemic Reviews）を行う権限を与えています。つまり子どもの思いや希望、願いに即した法律、施策、実践になり得ているか詳細に調査し、子ども全体に与える影響について子

どもの視点から問い直すアドボカシー実践を求めているのです。これは子どもの声を受けてでもアドボキットの判断によってでも行えます。システミックレビューは特に、子ども全体に影響を与える州の法律や施策、ガイドライン、サービス提供者の実践に焦点を当てます。こうした問題の影響を直接受けているユースに集まってもらい、つまりある特定の問題についてユースによる生きた経験から得た知恵をそこで結集させ、法律、施策（政策）、財政、実践への改革に関する提言を意思決定者に伝えてきました。

3 ● コミュニティディベロップメントアドボカシー

　このように法律や施策の変革を迫るなかで、当事者である子どもたちが日々直面している人種差別、同性愛者に対する差別・偏見や嫌悪感、性差別、障がい者差別から生まれる不条理な日々の暮らしは、法律や施策を改善するだけでただちに乗り越えられない矛盾を生み出します。後段で詳細に述べますが、例えばシステミックアドボカシーからコミュニティディベロップメントアドボカシーへと発展した、先住民のユースが手掛けた行動計画づくりにまつわる一連の活動の中で、「ファーストネーションでない人たちは、ファーストネーションの人々が、健康と幸福を迫害されてきた歴史をもち孤立しながら生きてきた影響を理解する必要があります。これはファーストネーションの問題ではなく、オンタリオ州の問題であり、カナダ全体の問題です[6]」とファーストネーションの人たちに対するカナダ主流派の考え方、行動、態度の中に今も生き続けている[7]と、植民地支配の影響から回復することを妨げる公然とした人種差別[8]を指摘しています。

　この人間的な回復を目指そうとした営みがコミュニティディベロップメントアドボカシーです。コミュニティディベロップメントアドボカシーは公的アドボカシー制度の中で展開されることも、また第2部のように制度

6　Feathers of Hope: A First Nations Youth Action Plan, p. 39.

7　同上、p. 30。

8　同上、p. 40。

がないなかでも展開されるところに特長があります。そして公的アドボカシーの制度の中で活動しながら経験を積み、制度から独立して、当事者たちだけで活動をさらに発展させていくこともあります。その意味においても、コミュニティディベロップメントアドボカシーは子どもアドボカシーにおいて目指される道すじなのです。

4 ● 検証・調査

　2016年からは、Children's Aid Society（カナダの児童相談所、以下、CAS）や、CASが措置する社会的養護・障がい児サービス（通所・入所問わず）などを受けている子どもやユースから苦情を受けつけ、勧告を出すことができるようになりました。他の相談機関や苦情処理の方法ですでに完了した事案についても、州アドボカシー事務所が必要と判断した場合は、再調査することができます。さらに必要であれば、子どもの死亡や重傷を含むCASに関わった問題について、個別的ないし組織的な調査を指揮してきました。これは2015年10月にファーストネーションの高校生7名の死因審問、11月にケイトリン・サンプソン（享年8歳）の死因審問に参加したことからアドボカシー事務所の重要な任務として位置づいたものでした。亡き声を表に出す立場として、その子が願った安全で安心な暮らしをその子の側に立って訴える活動です。検死から導き出されたアドボカシー事務所による勧告が、現在、社会的養護下にあるすべての子どもやユースにとって、安心して暮らすことができるようになる重要な権利保護手段と見なしているのです。この検証・調査の方法とあり方については、補論で触れていますので、参照下さい。

9　タニヤ・タラガ著、村上佳代訳『命を落とした七つの羽──カナダ先住民とレイシズム、死、そして「真実」』青土社、2021年。タニヤ・タラガ著、村上佳代訳『私たちの進む道──植民地主義の陰と先住民族のトラウマを乗り越えるために』青土社、2022年。

10　Report to the Legislature 2015, p. 45.

5 ● アドボカシーが重層的であることの子どもにとっての意味

　こうして4層からなるアドボカシー事務所の実践は、子どもやユースの権利が尊重され、実現されるように、子どもやユース一人ひとりと協力し、時に、アドボキットに与えられた職務権限を発揮して子どもやユース全体を代表して活動してきました。

　これは、子ども個々の権利はより大きな全体の一部であると、カナダをはじめ世界に知らしめたオンタリオ州子どもとユースアドボカシー事務所に集まった子どもの声の総和です[11]。

　例えば一人のユースを考えた場合に、ユースグループに属しそこでアドボカシー活動をしながらも、そのユース自身が対処しなければならない問題を抱えているわけですから、個別の権利アドボカシーを同時に受けている場合もあります。そうすることでその子自身の声を表に出す機会を重層的に保障するのです。

　さらに、その子一人ひとりに声を聴く個別の権利アドボカシーを受けて、それでも対処できない場合はシステミックアドボカシーへと、より高次のアドボカシーレベルへ上げるという意味ではありません。アドボカシーとの出会いは、自分の仲間から声をかけられてユースグループに参加してみて、そこから始まった、ということも子どもやユースにとっては自然な流れです。その意味において4つのアドボカシーはどこからでも始められ、また子どもがアドボカシーを受けやすいよう、4つとも同じスタート地点で子どもの前に選択肢として用意されています。

　一つしか受けられないアドボカシーではなく、子ども自身が望めば同時に複数アドボカシーを受けられることも、複数のアドボカシーが子どもの中で自然につながりあっていることも、ひとえに、子どもの声を表に出すことが重層的であれば、単独のアドボカシーで得られる以上に、子どもの

11　You Have A Voice Ontario Child Advocate 2018 Report to the Legislature, 2018, p. 8.
　　Ontario Child Advocate 2019 Report to the Legislature, 2019, p. 6.

声を増幅できる結果や効果が期待できるからです。

　このように4つのアドボカシーの互恵的な関係を創造してきた英知は、アドボカシー実践を30年を超えて積み上げるなかで、子どもと共に切り拓いてきた実践理論と言えます。

第2節　コミュニティディベロップメントアドボカシーへ発展した人間と人間とのパートナーシップ

　こうしたシステミックな変革を子どもと共に創造するなかで、アドボカシー活動自体も変革を遂げてきました。その過程で生まれた新たなアドボカシー活動が、「コミュニティディベロップメントアドボカシー」です。アドボカシー活動として子どもの問題の中からある特定の傾向やパターンという問題をより深く掘り下げ、その問題について直接の知識や経験をもつユースと協力して変革のための提言を数多く行ってきました。その活動過程は、ユースが集まる機会をつくり、自分たちの生活やコミュニティを前向きに変化させるにはどうしたら良いか懸念事項を話し合って共通の問題をみなで認識し、彼らの個人的・集団的な声を主張できる安全な空間をつくってきました。その中で自分たちの手で主体的にコミュニティのサービスや資源を開発したり、改善したりする模索をしてきたのです。

　では子どもアドボカシー活動にとって、なぜコミュニティディベロップメントアドボカシーが不可欠なのか、その部分を紹介します。第1部 p.20でも取り上げた先住民の子どもとユースによるプロジェクト「フェザーズオブホープ」です。この取りくみは、100人以上のファーストネーションのユース（オンタリオ州の92の北部ファーストネーションのコミュニティのうち62のコミュニティ代表）が州北部サンダーベイに集まり、それぞれのコミュニティでの生活の現実と山積する問題について話し合ったものです。その目的は、より安全で健康的なコミュニティをつくるために、ユースがあらゆるレベルの政府やファーストネーションのリーダーたちと対話

することでした。彼らの声と変化へのアイデアが、「Feathers of Hope: A First Nations Youth Action Plan」という画期的な行動計画にまとめられていきます。

　行動計画が策定されると、アドボカシー事務所では5名のファーストネーションのユースを雇用し、彼らがイニシアチブを取りながら、計画に盛り込まれた主要な14項目[12]に焦点を当てた5年間の戦略をつくることから着手されました。オンタリオ州政府、連邦政府、ファーストネーションの指導者たちは、ユースを支援し共に尽力するという行動計画を履行する義務を負ったわけです。

　カナダの植民地化政策によって土地を奪われ、文化や言語、そしてコミュニティまでも奪われた先住民コミュニティの中で生き、インケアの経験をしたユースの声です。この行動計画の中では繰り返し、自分たちの本当の過去を否定するこれまでのやり方ではなく、それを認め、尊重することを前提とした脱植民地化を展望し、大人とのパートナーシップを築いて、自分たちのコミュニティを創造するリーダーシップを発揮したいと訴えています。その中で自らのコミュニティをどのように変えていきたいのか、よく分かる場面がありますので、その部分を紹介します。

> 「私たちにはお互いの愛が必要であり、そして私たちは真のコミュニティであり、お互いを必要としていると信じることが必要である」
> 　カナダの他の地域でファーストネーション以外のユースが広く利用しているコミュニティ・サービスや社会支援プログラムに対する資金やサポートが私たちには不足していることが、ファーストネーションのユースフォーラムで語った絶望感の大きな原因となってい

12　寄宿制学校とその影響に関して：植民地化政策による誤った考えの払拭、アイデンティティと文化、ファーストネーションの文化と教育、教育の質、学校教育制度、若者による自殺の悲劇、心と身体の健康、薬物とアルコール、スポーツ・レクリエーション、ユースのビジネスチャンスとリーダーシップ、ロールモデルとメンター、持続可能な財源、児童福祉、説明責任（汚職行為に対して）。

ます。日々いらだち、こんな劣悪な環境で生活していると、薬物乱用、暴力、自傷行為などのネガティブな対処行動に走ってしまうユースもいます。北部のコミュニティでは、活動的なレクリエーションに参加する機会が限られていることも影響しています。

　ユースの中には、あまりにも早く大人になることを強いられているように感じるという声もあります。彼らは、妊娠や性感染症（STD）などの悪影響を理解するのに十分成熟した年齢に達する前に性行為に及んだと話しています。健康を害する物質を誤用し、不健全な人間関係におちいったり、肉体的・性的な被害を受けたりもしています。また、生活の質も低下します。

　先住民族以外のユースと比較して、自分たちが平等に扱われていないことを理解しています。彼らの多くは、政府や他のカナダ人からこのような不当な扱いを受けるのは当然のことであり、自分の夢は重要ではないと考えるようになっていったと話します。ファーストネーションのユースの多くは、圧倒的な無力感と絶望感を抱えて生きていると語っています。フォーラムに参加したユースや、ミニフォーラムで会ったユースの多くは、自分が何をしたいのかをよく分かっています。それは必ずしもお金の問題ではありません。また参加者は、ユースセンターや文化的な支援、レクリエーションのプログラムがあれば、ネガティブな対処行動に走る可能性を減らせると考え、コミュニティで健全な人間関係を築きたい、自分たちの力を取り戻したいとも語っています。

　お互いに責任をもって面倒をみなければならないといった伝統的な価値観や自分たちのコミュニティの健全性を回復させるビジョンをもつことは、ファーストネーションのユースにとって重要な第一歩です。彼らは、自分たちのコミュニティのメンバーが生計を立て、前向きに力強く生き、先祖代々の土地で繁栄できるような未来への希望を生み出したいと考えています。彼らは解決策はまず基本的な

ことから始めるべきだと考えています。自分たちの文化や伝統を尊重するコミュニティに希望が生まれると信じています。ユースが地域社会に貢献し、他の人に恩返しができ、どこに行っても成功できる人になるための方法を学ぶ機会が提供されるところに希望が生まれると考えています。彼らはまた、自分たちのコミュニティの生活の質を向上させるための責任を担えるよう、酋長や評議会、コミュニティのリーダーからのサポートを望んでいると話します。ファーストネーションのユースは建設的なアイデアをもっています。参加者はコミュニティ内のレクリエーションセンターやユースプログラムや活動を支援するために、資金調達や計画のイニシアチブを取りたいと話しています。ユースグループを立ち上げて社会的支援の不足に対処し、コミュニティ内の少年少女のための教育プログラムを確立するために、指導者がより多くのリソースを配分するよう働きかけている人もいます。また自分の時間を割いて評議会に仲間を代表して参加し、地域の政治に関与したいと考えている人もいます。成功するユースプログラムは、ユースを中心としたユース主導のものであり、持続可能なプログラムはお金だけではないという思いを参加者間で共有しました。持続可能なプログラムとは、お金だけで成り立つものではなく、ユース一人ひとりがコミットし、プログラムの立ち上げと継続を支えるために長期にわたって時間とエネルギーを提供することも必要だということです。彼らはコミュニティからの支援、適切なトレーニング、前向きな大人のメンター、そしてコミュニティのすべてのユースを含むことができる安全な空間が必要であると考えました。

　また参加者からは、ユース関連のプログラムやサービスの決定方法についても、コミュニティの指導者と政府の両方が、より多くの責務を果たすことを望んでいることが分かりました。コミュニティの財源調達に関して、指導者や評議会の透明性が高まることを望ん

でいます。コミュニティに与えられた資金はコミュニティのもので
あり、まず子どもやユース、家族にとって有益で不可欠なサービス
やプログラムに提供されなければならないという考えを表明しまし
た。フォーラムの参加者の多くは、年を取っても自分の住んでいる
コミュニティに留まりたいと話していました。しかし残念ながら多
くのコミュニティでは、ユースがこの目標を達成するための雇用機
会やリソースへのアクセスが不足しています。

　ファーストネーションのユースは公的扶助を求めているのではあ
りません。彼らはコミュニティの指導者や評議会、政府と一緒に活
動したいと願っています。しかし彼らはまた、自分たちコミュニ
ティの主体性も大切だと思っています。これは彼らが大人を必要と
していないということではありません。彼らが求めているのは、大
人に対して敬意を払い、大人との協力関係を築き、自分たちの要望
がどのように実現し、自分たちの未来をどのようにつくるかについ
て発言権をもてるようなリーダーシップを取りたいということで
す。ユースは変化を切望していて、わずかでも最善を尽くし始めて
います。彼らは持続的かつ適切なリソース、機会、メンターによる
助言があれば、自分たちの目標やそれ以上のことを達成できると信
じています。

　　　Feathers of Hope: A First Nations Youth Action Plan, pp. 107–108、筆者訳・解説

　このように自分たちのコミュニティを自分たちの手で取り戻そうとする
営みは、すなわちセルフアドボカシーであり、フェザーズオブホープによ
るセルフアドボカシーは、子ども自身がもつ潜在的可能性を引き出すこと
でもありました。同時にファーストネーションに生きる自分たちとしての
アイデンティティを高めることでもあり、土地、言語、家族・コミュニ
ティ、自然、動物などとの結びつきを踏まえたファーストネーションの尊
厳を守ることでもありました。子どもたちが「文明化」の教育を受けるた

めに、家族やコミュニティ、文化から引き離され、寄宿制学校で自分たちの民族や文化のすべてが悪いこと、間違っていることだと教え込まれた子どもたちが何世代にもわたって続き、家族やコミュニティの核心的な意味が失われていった[13]と述べる本行動計画からは、自分たちが日々直面している現実を認識し、自分たちのコミュニティを取り戻すためにあらゆるレベルの指導者や政府と協力し、貢献したいと願うファーストネーションに生きるユースの意志が伝わってきます。

　こうしてコミュニティディベロップメントアドボカシーは、システミックな変革を目指す過程で、自分たちのコミュニティや文化と強いつながりをつくりながら自分のアイデンティティを育むセルフアドボカシーに他ならず、家族、アライ（Ally:味方、同胞の意味）、コミュニティ、すべてのレベルの政府など、との新たな関係性を築いていくなかで自分の居場所がある感覚、帰属意識、結びつきを育もうと、自らが人間らしく存在するために闘い続けた人間回復の道のりであったでしょう。「被抑圧者の教育学」を著したパウロ・フレイレは、第1章「『被抑圧者の教育学』を書いた理由」の中で以下のように言及[14]しています。

　　抑圧されている者だけが、自らを自由に解放することによって、抑圧する側をもまた自由にすることができる。抑圧する側は、他人も、自分も解放し、自由にすることはできない。だからこそ、抑圧されている者が、自らの内なる矛盾に気づき、その矛盾を超えていくことが大変重要なのである。ここを超えていくことにより、新しい人間が誕生する——抑圧する者でも、抑圧される者でもない、真の意味での自由な人間の誕生である。人間らしくあることを禁じられてきた被抑圧者が、「本当の意味での人間」になるということは矛盾した対立関係

13　Feathers of Hope: A First Nations Youth Action Plan, pp. 16–17, 20.

14　パウロ・フレイレ『被抑圧者の教育学　50周年記念版』亜紀書房、2018年、pp. 100–101。

を置き換えるなどということではない。つまり対立している立場を変える、などということではないのである。

　アドボカシー事務所が目指した子どもアドボカシーは、抑圧している者と抑圧されている者の対立構造を超えていこうとするところに神髄がありました。子どもたちが有する民族的な歴史や現在について語るなかで、本質的にこの矛盾した関係を克服し、人間と人間との対等で新たなパートナーシップを目指す、周囲から抑圧されることなく言論、表現、思想などを表明できることや、痛みや苦しみ、差別、貧困などから解放された真の自由を獲得することにアドボカシー事務所が目指したコミュニティディベロップメントアドボカシーの実践原理をみることができます。

当事者であるユースがセルフアドボカシー活動をするために欠かせないもの

・・・・・・・・・・・・・・・・・・・・・・・・・・・・・・・・・

第2章

第1節　ユースが主体になってアドボカシーを立ち上げた出発点

　アドボカシー事務所からサポートを受けて、自分たちの手で自分たちの人生を主体的に描こうとする活動から、困難な状況で生きてきた経験によるユースの知恵によって導き出された三つの要素こそが、ユースが人生に成功する、つまりアドボカシー事務所が支援してきた子どもたちに最も保障されるべきものであると確信をもって示されるようになっていきます。それが第1部p.54で言及された①つながり、②声、③リソースです。

　そして2008年7月にアーウイン・エルマン氏が2代目所長として任命されて以降本格的に、個別の権利アドボカシーを基本としながらも、州政府の子どもに対するどのようなサービスが体系的に見直しを必要としているか模索を開始します。アドボカシー事務所に所属するアドボキットとユースコーディネーター（非常勤スタッフ）は、問題を直に理解するために、オンタリオ州北部、北西部にある先住民のコミュニティに出向いてコミュニティのリーダーに会い、個別的なつながりをつくるところから始めました。

　一方で州内のロンドン、ハミルトン、オタワ、サドベリー、ウィンザー、トロント、サンダーベイでユースを支援している団体を巻き込んで、若者が暴力を起こさずに対処できるようにするためのユース自身の希望や

ビジョン、戦略を話し合おうと機会を設けました[15]。この活動が基となり、その後、サンダーベイ、トロント、サドベリー、ウィンザー、オタワでユースの声にアクセスできるユースグループが生まれていきます。これが後にユースの声にアクセスできるようにするための安定的なハブ（中核）として役割を果たすようになります。つまりこのハブは、子どもたちに共通する特定の問題を見極め、システミックアドボカシーとして推進していくための声の集積、ハブミーティングを行う場として機能し[16]、ここから本格的にシステミックアドボカシーとして発展していきました。

　既存のユースグループを利用し拡大したり、新しいユースグループを設立したりするなかで、アドボカシー事務所はトロントに一か所しかなくアクセスが限られる限界に対し、州内のユースグループを彼らの声を表に出すハブとして機能させ、コミュニティに根付かせようとサポートすることで、大人が子どもの声を拾い集めるよりはむしろ、子どもが自分たちの手で自分たちの声を増幅させていく過程を最初から貫いたと言えます。また同時に大人もアライ（ally:味方、同胞の意味）にしようと、子どもと話し合いながら、大人に働きかけているところも特長です。子どもの声を尊重することが子ども自身の安全と安心につながることを、大人の意思決定者にも学んでもらえるよう大人に働きかけることも重要な職務としています[17]。前述のコミュニティのリーダーに会いに行ったり、ユース支援団体に働きかけたりと、ユースが活用できるつながりやリソースをつくることに尽力しているところもアドボカシー実践としての特色です。

1 ● コミュニティディベロップメントの立ち上げ

　こうした前段的な活動を経て、2010年には州内でのユースコミュニティ

15　90 DEATHS NINETY VOICES SILENCED ANNUAL REPORT FOR THE OFFICE OF THE PROVINCIAL ADVOCATE FOR CHILDREN AND YOUTH 2007–2008, p. 7.

16　2008–2009 Annual Report, Provincial Advocate for Children & Youth, p. 6.

17　90 DEATHS NINETY VOICES SILENCED ANNUAL REPORT FOR THE OFFICE OF THE PROVINCIAL ADVOCATE FOR CHILDREN AND YOUTH 2007–2008, p. 19.

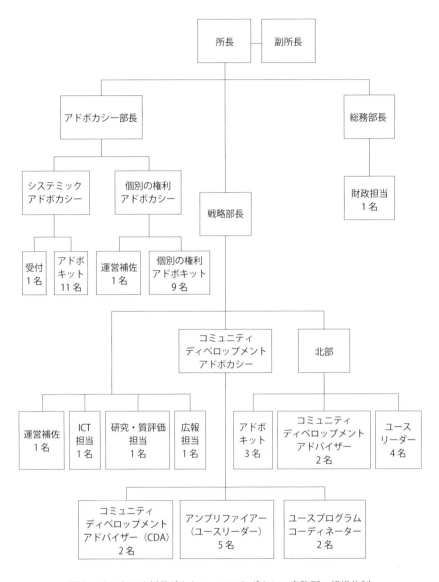

図1　オンタリオ州子どもとユースアドボカシー事務所の組織体制

出典：We're All In It Together. Report to the Legislature 2009/2010, Provincial Advocate for Children & Youth, p. 11 より筆者翻訳作成。

の活動を強化するために、「戦略的開発部門（Strategic Development）」の傘下に「コミュニティディベロップメント（Community Development）」を設けました。同時に「北部（North）」を設け、州内の分散したユースコミュニティにより良いサービスを提供し、州の地理的な課題に対応することに乗り出します。こうしてアドボカシー事務所は個別の権利アドボカシー、システミックアドボカシー、コミュニティディベロップメントアドボカシーを行う組織を開発し、その後の本格的な layered advocacy を子どもと共に切り拓く歩みをたどります。

2 • コミュニティディベロップメントアドボカシーの担い手となる アンプリファイアー

　この年（2010年）初めて州アドボカシー事務所で、前年までのユースグループでの活動を通じて、そのリーダーがコミュニティディベロップメントチームに「アンプリファイアー」として採用され、戦略の策定やイベントの開催、報告書などの出版物や資料の作成など、アドボカシー事務所が支援するユースを事務所の仕事に参画してもらうことが実現しました。アンプリファイアーは24歳以下で有給の非常勤スタッフとして従事します。職務として、コミュニティディベロップメントチームに直接関わり、事務所と地域レベルでのユースの間のつながり・結びつきを提供する役割を担います。それはアンプリファイアーを地域のユースのメンターとして位置づけ、そのユースへの権利教育とアウトリーチ活動を軸にユースの声を代表する存在として、子どもの参画の歩くモデルになることでした。事務所は子どもとユースアドボキット法第16条に基づいて子どもの権利について、子どもやユース、養育者やサービス提供者に向けて啓発教育を行う責任があります。コミュニティディベロップメントチームは、事務所が進めるべき権利教育の方法を編み出そうとしていました。それはこの年の事務所の活動目標である "We Are All In It Together" を具現化しようとしたものであり、それは、机上で学ぶ「子ども参画」ではなく、子どもやユースが

事務所のアドボカシー活動過程に「参画」していること、その姿を見て他のユースが真似し、学ぶこと、そして事務所が州内の子どもやユースのアドボカシー活動に「参画」していることを確立しようとしたものでした。

　方法として子どもが直面している問題の中で最も差し迫った問題を最優先事項として取り上げ、その解決から乗り出そうとしました。先述の州内のハブミーティングを通じたユースへのリスニングツアーを実施し、SNSを活用したより子どもやユースに届きやすいメディア戦略を考案したり、現在つながりのない子どもやユースとつながるための戦略を模索したりしました。また、黒人のユースの経験を共有し、権利意識を高めるための黒人歴史月間のイベントを企画・進行したり、ユースの声を上げるツールとしてのアンプリファイアーマガジンをデザインしたりと、コミュニティ内の子どもやユースとのつながりをつくりながら彼らの声を聞き、彼ら自身が声を出せるように縁の下の力持ちとして支えたりもしました。そして、時に彼らの声を代表したりして、そのコミュニティの大人や政府レベルの意思決定者と対話したり、講演をしたりと、子どもやユースの①つながり、②声、③リソースを生み出そうとする子ども参画のモデルとして熱心に活動し続けてきました。

　子どもが直面する課題が多岐にわたるなかで、最初に着手する問題は何か子どもたちとアンプリファイアーが共に考え、その解決から始めようとする姿勢は自分たちのニーズを真ん中におき、目標を見据えて現実的に問題解決をしようとするお手本を示すことに他なりません。アンプリファイアーが行った方法は大人が解決してくれるという受け身の子ども像ではなく、自分たちの問題に対し大人を味方に巻き込みながら主体的に解決する力を育む教育的手法でもありました。当事者でもあるアンプリファイアーの存在は、後輩である子どもやユースにとって自分たちの声が聞かれるときが今まさに来ていることを知らせ、その道を一緒に歩んでくれる「独立した声」のお手本なのでしょう。

第2節　コミュニティディベロップメントアドボカシーの幅広い活動

　コミュニティディベロップメントチームでは、前述のようなユース主体のプロジェクトを展開していくことの他に、オンタリオ州内のコミュニティカレッジと協力して、子どもやユースに関わる実践者養成課程で「子どもの権利」に関するワークショップを開発し、試験的に実施した年もありました。このワークショップの目的は、第一線で働く人々のリカレント教育の向上に貢献したり、将来働くことになる子どもやユースの施設やサービスにおいて、権利に基づく文化をつくるための必要な教育を学生に提供したりするものでした。このパイロットプロジェクトを経てオンタリオ州のいくつかの大学と提携し、チャイルド＆ユースケアワーカー養成課程で子どもアドボカシーに関するカリキュラムを開発し、2012年に着手しています。このように大学とパートナーシップをつくり、ケアを受けている子どもたちの権利に対する意識を高め、子どもたちにとってのナチュラルアドボキットとして実践能力を向上させようと目指したのも、コミュニティディベロップメントアドボカシーによる幅広い活動の一つでした[18]。このカリキュラム開発は、ライアソン大学（現トロントメトロポリタン大学）コミュニティサービス学部チャイルド・アンド・ユース・ケア学科の必修科目にも位置付き、その精神は着実に今の大学教育に受け継がれています。

1 ● 権利に根差した文化の創造へ

　コミュニティディベロップメントアドボカシー活動は、当事者ユースであるアンプリファイアーを中心に、彼らが声を上げるお手本となって活動を繰り広げてきました。そのときにも常に貫かれたことが子どもと大

18　"Resource Connection Voice" Report to the Legislature Resource 2010–2011, p. 27.

人とのパートナーシップです。大人側の姿勢と、大人側にもたらされるポジティブな変化についても重要な視点を与えてくれています。2011年に発表された報告書 "Resource Connection Voice: What Youth In Provincial Care Need to Survive and Thrive" では、そのことを明確に物語っている場面があります。

　若者に声を与えるということは、発言の機会を与えるだけでなく、より重要なことは、彼らが耳を傾けられ、真に聞かれていることを実感することです。彼らは、自分の言葉には影響力があるのだと知る必要があります。これは、ユース参加のアドバイザリーグループをつくったりプロジェクトをただ立ち上げたりするだけではありません。このような傾聴の姿勢には、サービスを提供する機関、実践者、行政や政策立案者が、子どもたちと関わりをもち、彼らから学ぶことが必要です。それには継続して対話することが必要で、サービスを提供するうえで欠かせないものです。州のメンタルヘルスと児童福祉の制度の中で10数年も過ごしたナオミは、「聞く、話すというこの過程は一緒に活動するという過程でもあります。時には後ろから押したり、押されたり、リードしたり、リードされたり、ただ一緒に歩いたり。でもそれは一緒にいるということなのです。共に旅をすることなのです」と話しています。若者と一緒に歩むという理念は、政策立案や実践の場でこそ発揮されるべきものです。私たちは、州政府の保護下にある子どもたちやユースが、正当で、現実的で貴重な知識をもっていることを認識しなければなりません。子どもたちに影響を与える施策や制度について彼らの思いや意見を表明する権利を尊重するとき、私たちは彼らの英知の恩恵を受けることができるのです。

　Resource Connection Voice: What Youth In Provincial Care Need to Survive and Thrive, p. 21、筆者訳・解説

　アドボカシー事務所がコミュニティディベロップメントチームをつく
り、そこに当事者ユースがアンプリファイアーとしてチームメンバーに加
わってから、アドボカシー事務所のアドボカシー活動は大きく飛躍してい
きます。その成果は、第1部でも紹介されていた数々のユースプロジェク
トとして生み出されていきました。これこそ子どもの権利に根差した文化
を目指す営みであり、他の州でも受け継がれるべきカナダのサービスを受
ける子どもたちが生み出した英知です。子どもの声が聞かれていると子ど
も自身が実感するとき、私たち大人も子どもから英知を授かる恩恵を受け
ます。この恩恵を得たとき、大人も子どもを抑圧する存在から真に解放さ
れるときを迎えると示唆しているのでしょう。そしてカナダで生み出され
た英知は海をわたり、本書の第2部で紹介された数々の日本のユースによ
るコミュニティディベロップメントアドボカシー活動へとつながっていき
ました。

2 ● 「独立性」とは子どもの声が独立すること

　ここまでアドボカシー事務所の実践原理をみてきました。ここで今一
度、子どもアドボカシーにおける「独立性」について、アドボカシー事務
所が目指した「独立性」から考えてみたいと思います。

　2007年に制定された Provincial Advocate for Children and Youth Act に
より、アドボカシー事務所は立法府に直接報告する行政府から独立した事
務所になりました。この「独立性」は、日本においてはニュアンスがつか
みづらいです。そこで、オンタリオ州がなぜ「独立性」を目指したのか
考えてみます。2007年に政府を監視する独立した機関としてのポジショ
ンを得るまでの30年間、オンタリオ州政府内の子ども福祉部局の一部と
してアドボカシー事務所はおかれていました。それが2007年に Provincial
Advocate for Children and Youth Act が制定されたことにより、長年の夢
であった政府からの「独立性」が実現します。ではなぜそれを希求したの
か、オンタリオ州新民主党党首を務めていたアンドレア・ホーワスが当時

を振り返って述べていますので紹介します。

> 「目的は、〔筆者注：子どもの声を集めた〕報告や批判・調査が、権力の
> ある政府によって洗い流されてしまわないようにすることでした。そ
> うしたことは、子どもの声が独立していないときに起こることだから
> です。政府から独立して監視する番人がいれば、子どもたちが困って
> いることが政治的な干渉を受けることなく、『力強く、活発に』伝え
> られるようになります[19]」

　このように「独立性」とは、子どもにとって、誰にも侵害されない、干
渉されない、つぶされない、丸め込まれない、無視されない、都合の良い
ように使われない、政治的に利用されないなかで、自分の思いや意見を自
由に安全に安心して表現できる権利の保障を意味していることが分かりま
す。それを追い求めた結果としてカナダの場合は、「州政府から独立して
機関を設置し、アドボキットという子どもの声を聴いて子どもと最後まで
共に行動する人をおいて、州政府による子どもサービスに対して番人の役
割を果たす」なかで、「子どもの独立した声」を実現しようとしたもので
した。
　子どものアドボカシーにおいて「独立性」を議論するとき、独立した機
関の設置や仕組み、財政、配置される大人などの話が先行しがちですが、
むしろ「子どもの独立した声＝ Independent Children and Youth Voice」を、
どうしたら確保できるのかの観点で本来は検討する必要があるのだと、オ
ンタリオ州から子どもの声はどうあるべきか本質を学びとることができま
す。

19　"Ontario child advocate wonders whether Doug Ford just made your children
'invisible again'" CANADA'S NATIONAL OBSERVER, April 1, 2019. https://www.
nationalobserver.com/2019/04/01/news/ontario-child-advocate-wonders-whether-doug-
ford-just-made-your-children-invisible（最終アクセス日 2022 年 11 月 17 日）

第３節　日本のこれからに向けて私たちが提案できること

本書の最後に、日本のこれからに向けてカナダから学んで実践してきた筆者である私たちが提案できることに触れます。社会保障審議会（児童部会社会的養育専門委員会）が報告書を2022年2月10日に出したことなどを経て政策動向が急進し、2022年6月に児童福祉法が改正され、2024年4月1日から施行されます。以下が子どもアドボカシーに関して規定された改正概要です。

4　児童の権利の擁護に関する事項

㈠　都道府県の業務として、入所措置等その他の措置の実施及びこれらの措置の実施中における処遇に対する児童の意見又は意向に関し、都道府県児童福祉審議会その他の機関の調査審議及び意見の具申が行われるようにすることその他の児童の権利の擁護に係る環境の整備を行うものとした。（第11条第1項第2号リ関係）

㈡　都道府県知事又は児童相談所長は、児童に入所措置等を採る場合又は入所措置等を解除し、停止し、若しくは他の措置に変更する場合等においては、児童の最善の利益を考慮するとともに、児童の意見又は意向を勘案して入所措置等を行うために、あらかじめ、年齢、発達の状況その他の当該児童の事情に応じ意見聴取その他の措置（以下この㈡において「意見聴取等措置」という。）をとらなければならないものとした。ただし、児童の生命又は心身の安全を確保するため緊急を要する場合で、あらかじめ意見聴取等措置をとるいとまがないときは、児童に入所措置等を採り、又は入所措置等を解除し、停止し、若しくは他の措置への変更等を行った後速やかに意見聴取等措置をとらなければならないものとした。（第33条の3の3関係）

出典：新日本法規　「児童福祉法の一部改正（令和4年6月15日法律第66号〔第2条〕令和6年4月1日から施行）」https://www.sn-hoki.co.jp/article/pickup_hourei/pickup_hourei2209320/（最終アクセス日2022年11月21日）

　この規定では、まず子どもの権利の擁護にかかる整備として、児童相談所で行う子どもの措置、措置変更、措置解除にまつわって、子どもの年齢や発達に沿いながら子どもの意見を聞かなければならないと義務化しています。そして都道府県の業務として、入所措置や措置の実施中に子どもの意見が聞かれるよう、都道府県児童福祉審議会を活用したり、その他の機関で調査や意見具申ができたりするよう、環境整備を行う努力義務を課したと読むことができます。子どもの意見や意向を聞く法規定がなかったこれまでのことを思えば一歩前進したと言えます。

　しかしこの規定ではやはり、大人が子どもの意見を聞くという、大人が子どもに向けて何をするかを意味する法規定にとどまり、子どもの側が主体的に問題解決を図るための法構造になり得ません。例えばオンタリオ州の場合は、アドボキット法の目的として、「子どもたちの問題を提起するために彼らとパートナーとなって、彼らに独立した声を提供する」と明記し、子どもの側に独立した声を提供することがアドボカシーの目的であるのだと明確に規定しています。この子どもの側に立ち切った法構造にしなければ、いつまで経っても大人が子どもに何をしてあげるのかという大人と子どもとの間に立場の有意性が立ちはだかり、パートナーとなるべき道が模索できません。本質的にこの矛盾した関係を克服し、人間と人間との対等で新たなパートナーシップを目指す、周囲から抑圧されることなく言論、表現、思想などを表明できることや、痛みや苦しみ、差別、貧困などから解放された真の自由を獲得することにアドボカシーの本質をみるカナダの実践から学ぶべきは、大人が子どもに何をするのかを乗り越え、子どもと大人とが共に何ができるかを目指す視座です。

　私たちがカナダから学んで、確信をもって提案できる子どもアドボカシーの実践は、子どもと大人とがパートナーとなって子どもの声を表に出しながら一緒に問題解決を図っていくプロセスです。私たちがもっている術はただひとつ、本書に一貫して流れる「子どもの権利を子どもと共に学びながら、子どもの抱えている問題を表に出し、子どもと共に解決を探る

こと」です。そこで第2部では「子どもの権利ワークショップ」を、日本全国どこでも実現できるようにその実践内容について詳細に紹介してきました。今一度その意義に触れたいと思います。

1 ● 子どもアドボカシーを子どもと大人が一緒につくるのは何のため？

　本書は子どもと大人が一緒になって子どもアドボカシーをつくる機会をつくってきた実際をカナダ、日本双方の実践から紹介してきました。その目的は第2部 p. 114 にあるように、「座学の研修や専門書を読むよりもユースと一緒にワークショップ等で学び、ユースがエンパワーされていく過程を体験し、ユースの生の声を聞く」この点が最も核心です。つまり p. 93 にも触れてあるように、「子どもの話を聞いて、大人の話を聞いてもらう」という当たり前のことができているということは、多くの大人にとって幻想であり、思い込みであることをまずは認め、「安心できる環境」で「子どもの意見・気持ちを最後まで口を挟まず聞き」「大人の意見・気持ちも聞いてもらう」ということを実践し、子どもの意見表明の本質を子どもも大人も一緒になってつかむ、体感することです。

　第2部では子どもの権利を子どもと大人が一緒につくる機会の枠組みについて、藤野氏ら大人がある程度考えたうえで、子どもたちに示し参加を募ったところから始まっています。そのため口火を切るのは大人からの場合ももちろんあります。しかし p. 126 や p. 164 にもあるように、それを継続すると必ずユースの側から大人が主導権を握っていて、子どもはそれに対して意見を言うだけの存在ではないかとの疑問が生まれます。現に藤野氏はそのジレンマを語っています。アドボカシー事務所の初代CDAのアンディーは私たちが2018年に事務所に訪問した際に、「ユース自身がしたいと思っていることが最も優先順位が高くなる。計画はユース自身が立てる。実際やってみて学んだことは計画を立てる段階からユースが関わると、計画を実行するんだとユース自身が考えるようになる。それらは実は

大変なことで、子どもたち自身が計画を立てるために必要なツール、スキルが身についていないとなかなかできるものではないので、ユースの後ろから支え、時にはガイドする」と私たちに語ったことはp. 171にも触れてあります。計画を立てることをアンプリファイアー（第2部ではユースリーダーと呼んでいる）やユースに丸投げにするのではなく、アンプリファイアーにとって支えてほしいところをじっくり聴き取り、そこを支えていこうとする姿勢が大人に求められており、アンプリファイアーと大人との関係性の中で大人側もどうしたら後ろから支えられるだろうかと常にユースに示してもらいながら模索することこそがアドボカシーなのではないかと、カナダと藤野氏の実践は示唆しています。

2 ● つながり・声・リソースを創造する

　子どもと大人とが子どもアドボカシーをつくろうとした実践が、コミュニティディベロップメントアドボカシーと称されるまでに発展していったことを紹介してきました。ではこのコミュニティディベロップメントアドボカシーは何を創造しようと目指すのか改めて触れます。それはユースのセルフアドボカシー活動をするために不可欠な3要素「①つながり、②声、③リソース」です。

　オンタリオ州内の最も弱い立場にある子どもとユースの決意と行動が尊重され、ひとりの人間として敬意を払われる存在であると見なされるようになる変革が訪れるその日まで、彼らのパートナーとして使命を果たし続けたアドボカシー事務所は、法制度やサービスを抜本的に変え、当事者である子どもやユースが活用しやすいリソースへと変えていくことに腐心してきました。その過程で、ユースにみられる共通した問題の背景にある、法律や施策（政策）、実践の問題に的を絞り、それらをユース同士で出し合い、報告書にみなでまとめるという方法を取りました。その際に最も重要な要素は、ユースの参加に焦点を当てたことでした。ユース自身が自分にまつわる意思決定に関わることが大切だという感覚を育み、自分の社会

的養護での経験を肯定的に捉え、自分の権利を自ら実現するセルフアドボカシーを目的とした活動にまで発展させていきました。このようにあらゆる面を通じて、同じ立場にある子どもやユース同士の参加の中でつながりを生み出し、ないものとして見なされていた子どもの声が先述の報告書や公聴会などで大きな声となって表に出るようサポートしてきました。その過程で、子どもも大人も共感し合うなかで生まれるエネルギーを分かち合い、子ども自身に「守られている」「自分の声を聴いてもらえる」という安心感を生み、そして子どもが真に理解してくれているという大人側の安心感も生み、子どもも大人もエンパワーしていきました。

　このように子どもと大人とが一緒になって、子どもが同じ状況にある仲間とのつながり（Connection）をつくろうとし、この過程で子どもを応援しようとするアライ（Ally:味方、同胞の意味）ともつながり、自分のアイデンティティを獲得するために強く帰属意識を求めたコミュニティが誕生し、そのコミュニティの力を結集して声を上げる（Voice）なかで自らをアドボケイトし、そしてその過程で自分たちにとって最も理想とするリソース（Resources）を生み出していく、この3要素「①つながり、②声、③リソース」をつくり出すことこそが子どもアドボカシーの本質です。

3 ● 人間発達としての子どもアドボカシー

　オンタリオ州による子どもアドボカシーの実践の歴史に学んで、第2部ではこのアドボカシーの本質に触れることができた日本のユースや大人がとてもエンパワーされ励まされることで、自らをアドボケイトし、つまりユースが自らもっている力を引き出し、日本に帰国してすぐに行動を起こしていく果敢なコミュニティディベロップメントアドボカシー活動が詳細に描かれていました。そしてそれを効果的に行えるようにガイドしたCDAとしての藤野氏を中心とした実践もオンタリオ州アドボカシー事務所にいるCDAの姿とが重なってみえました。

　こうして改めて概観すると、オンタリオ州の子どもアドボカシーは、人

間発達の視座に立ち、非常に教育学的な実践理論に立っていることが分かります。例えば、オンタリオ州アドボカシー事務所の所長であったアーウィン・エルマン氏は、「子どもは権利をもった1人の人間である[20]」と絶えずヤヌシュ・コルチャックの教育思想から出発します。子どもアドボカシーを語るときには、「子どもを人間として尊重する[21]」ここからスタートし、そして絶えずここに立ち返るのです。同時にp.192で紹介したパウロ・フレイレの教育思想がエルマン氏の源流にあること[22]は、抑圧を受けてきた人間である子どもが相手であるうえで当然のことと言えます。

　CDAであったアンディーは、「ユースたちがコミュニティをつくる力の一員になって、そのコミュニティを変えるために自分たちで何をすればいいかというスキルを身につけていくようになるサポートをする、それがCDAなのだ」と語ります。子ども自身が力を獲得していくことに最も重きをおくのです。そして藤野氏は「常にユースに学ぶ姿勢をもちながらも、ユースに様々なツールを与えたり、環境を整えたりする」ことにいつも全力です。子どもが自分の権利を行使しながら自由に発達できる環境を整える[23]ことにCDAとしての意味を見出そうと、人間発達の教育思想を基盤としています。さらに第1部を紹介した菊池氏は日本とカナダのユースをつなぐ国際交流としての架け橋をつくり、そこから「①つながり、②声、③リソース」が育まれました。第1部の菊池氏の実践もユースの国際交流というコミュニティディベロップメントアドボカシー活動に他なりません。

　こうして人間の権利に立脚して子どもをひとりの人間として尊重し、そ

20　塚本智宏『コルチャックと「子どもの権利」の源流』子どもの未来社、2019年、pp. 120–139。

21　大澤亜里『ヤヌシュ・コルチャックの教育実践——子どもの権利を保障する施設養育の模索』六花出版、2022年、pp. 229–231。

22　パウロ・フレイレ『被抑圧者の教育学　50周年記念版』亜紀書房、2018年、pp. 100–101。

23　大澤亜里『ヤヌシュ・コルチャックの教育実践——子どもの権利を保障する施設養育の模索』六花出版、2022年、p. 233。

して対等に接することがアドボカシーであるとカナダから生まれた子ども
アドボカシー実践は、ヤヌシュ・コルチャックやパウロ・フレイレの教育
思想を受け継ぎながら、海を越え日本にわたり、そして1988年に日本で
生まれた全国児童養護施設高校生交流会で生み出された英知がときを経て
結びつき、子どもアドボカシーという手法を獲得して今再び、子どもと大
人の手で着実に拡がろうとしています。

4 ● 地域で始まっているアドボカシー試行事業

　鳥取県でも国の制度改革を受けて、2022年度から鳥取県内に3か所あ
る児童相談所一時保護所にてアドボカシーを行う試行事業を始めていま
す。鳥取県弁護士会と筆者とが共同し、国が示す意見表明支援員として活
動を開始したものです。オンタリオ州アドボカシー事務所での実践を子ど
もたちと一緒に学んできた筆者としては、オンタリオ州が模索してきた道
すじを後追う形で同じように、鳥取でも一時保護所で過ごしている子ど
もたちと出会って、ここでアドボキットが何をしたらよいか子どもたち
から直接教えてもらう、話を聞くことからアドボカシーを始める必要があ
ると思い、子どもに直接会って子どもからアドバイスを受けるリスニング
ツアーを行いたいと鳥取県と鳥取県弁護士会との打ち合わせのなかで提案
しました。その案が認められ、2022年夏は、3つの児童相談所一時保護所
に訪問しながら、子どもに会って、アドボキットって何したら良いかな？
どんなことが一緒にできるかな？　どんなことをして欲しいと思う？　と
子どもに直接尋ねてアドバイスをもらってきました。大人がある程度形を
決めて、子どもの意見を聞く会であることよりも、最初から子どもと一緒
に一時保護所でのアドボカシーの活動をつくっていくためです。このリス
ニングツアーを行うことは大変有効的で、ここでアドボカシー活動のイ
メージや見通しが大人の側にもつくられていきます。これから様々な地域
で児童相談所一時保護所に訪問するアドボカシー活動を模索されることと
思いますが、「分からないことは子どもに聞いて教えてもらう、子どもに

相談する、子どもと一緒に考える」リスニングツアーを実施されることをぜひお薦めします。理由はそのリスニングツアー自体がアドボカシーの入り口に立つことだからです。

　そして鳥取では夏のリスニングツアーでの経験を終えて、初秋から試行事業に入っていきました。自分が実際にアドボカシー活動を行ってみて、より一層オンタリオ州で出会ったアドボキットたちが話していたことが実感できたように思います。子どもが何を言ってくるかは本当に未知数だよ、子どもに導かれながら子どもが本当に願っていることを一緒に行うよ、子どもの立場に立ち切って一緒に動くことだよ、とアドボカシーとは何かいつも教えてくれたオンタリオ州のアドボキットたちでしたが、今ならその意味がよく分かります。逆にその意味がまだピンと来ないということでしたら、分かるまでリスニングツアーを行うことを私はお薦めしたいと思います。アドボカシー活動として何をすべきかの答えは子どもたちの中にこそあるからで、子どもたちに教えてもらうことでアドボキットである自分として見通しがついたと言えるそのときは、その見通しのさらなる積み重ねの時期に入っていると言えます。

　私自身も子どもの話を聞くというよりは、子どもとざっくばらんに対話しながら、対話が盛り上がるなかで、こうなったら良いな、と子どもが話してくれたことについて、それができたら良いよね、どうしたら良いと思う？とまた対話しながらと、完全に子どもに導かれる形で個別の権利アドボカシーの活動を重ねることができました。そして自分自身として、現段階では次の見通しの段階に移行する必要があると感じています。それは、施設入所につながっていった子どもが私に言ってくれていた言葉「施設でまた会える？」にどのように応えることができるか動いていくことです。

5 ● 制度がなくともアドボカシーがある子どもの権利文化の創造へ

　前項では、私自身が児童相談所一時保護所へ訪問する個別の権利アドボキットとして活動していることを述べました。その時出会ってきた施設に

つながっていくことが決まった子どもたちから施設でもまた会えるだろう
か、と聞かれ「まだ仕組みができていないので、そんな仕組みができるよ
う努力する」と伝えてきた筆者でした。鳥取では第2部で紹介したように、
子どもアドボカシーの制度がなくとも、施設で暮らす、もしくは巣立った
ユースと大人とが一緒になって子どもアドボカシーの機会をつくってきた
ことを紹介しました。つまり子どもアドボカシーとは、制度として行うア
ドボカシー活動を入り口としながらも、ゆくゆくは制度を超えて、子ど
もと大人とが一緒になって、子どもが同じ状況にある仲間とのつながり
（Connection）をつくろうとし、この過程で子どもを応援しようとするアラ
イ（Ally:味方、同胞の意味）ともつながり、自分のアイデンティティを獲
得するために強く帰属意識を求めたコミュニティが誕生し、そのコミュ
ニティの力を結集して声を上げる（Voice）なかで自らをアドボケイトし、
そしてその過程で自分たちにとって最も理想とするリソース（Resources）
を生み出していくことに帰着します。

　カナダの場合アドボカシーとは2種類しかなく、制度としてのアドボカ
シーか制度を超えて誰もが行うアドボカシーか、これのみです。制度とし
てのアドボカシーはオンタリオ州アドボカシー事務所にみられるように、
独立した子どもの声を提供する公的機関で、その実現のために検証・調
査、勧告などの独立した子どもの声を実現する権限が付置されていること
が特長でした。一方、第2部で紹介したようなコミュニティディベロップ
メントアドボカシーに関わる人たちは、子どもの権利の文化創造としての
地域での主体的な変革活動と言えます。

　こうしたそれぞれの施設や地域でのコミュニティの中へ、子どもが安心
して自分の身を寄せて欲しいと筆者は願っており、児童相談所一時保護所
で出会い、施設へつながっていく子どもたちへゆくゆくは、それぞれの施
設で子どもアドボカシー活動があること、その活動につながることで、安
心して自分の声を表に出せること、自分の声を意思決定者に伝える道すじ
があることを伝えられるようにと目指しています。そしてその活動に私も

定期的に参画できるようにします。そうすると子どもたちから言われた「施設でもまた会える？」が実現できます。そしてそれこそが、私たちが提案できることです。その意味において、児童相談所一時保護所での個別の権利アドボカシー活動と、第2部のコミュニティディベロップメントアドボカシーは一つの道としてつながっているものです。

　公的アドボカシー制度として児童相談所一時保護所で出会うその子に向けては、「あなたの声で自分の人生を切り拓いていける」とその子の年齢や発達に沿う方法で伝えます。そのうえで、施設や里親家庭などにつながったときに、その子が同じ境遇にある子どもたちのコミュニティの場につながれるよう、コミュニティのメンバーである当事者の先輩ユースリーダーやAllyが支えます。施設や里親家庭などでつくる子どもたちのコミュニティとしての活動を、公的アドボカシー制度の一環で個別の権利アドボキットが参画してサポートすることも考えられますし、それが必要ないと子どもたちが判断したのなら、子どもたちのコミュニティ独自に活動することも、もちろんあり得ます。

　このように、子どもが声を表に出すことを皆で、とりわけ大人はそれを重層的に整える努力を、今日本は必要としています。そのときに、子どもを真ん中において意思決定するにはどのような方法があるか、子どもと大人一緒に模索を始めてみることです。そこが日本における子どもアドボカシーをつくっていく出発点です。

　最後に、このようなアドボカシー活動を始めてみたいと思った方は、ぜひ私たちとつながって頂きたいと希望しています。子どもと大人とが一緒につくるアドボカシーは心から楽しいと思える活動だと提案し、ここで締めくくりたいと思います。

子どもと大人とが共に学び合う子どものアドボカシー講座に不可欠なアクティビティとエクササイズ

　オンタリオ州子どもユースアドボカシー事務所に訪問したときに行ったものや、そのときの活動から学んで、子どもと大人とが一緒に行動を起こそうと1泊2日や2泊3日での子どもアドボカシー講座をするときに、活用してきたアクティビティとエクササイズのいくつかを紹介します。お互いを分かり合い、安心・安全なグループをつくっていくためには、緊張感がほぐれた和やかな雰囲気づくりがポイントです。グループのメンバーが打ち解け合えるような、楽しさあふれたアクティビティは、子どもとユース、大人のコミュティづくりになくてはならない存在です。またアクティビティだけでなく、子どもの権利を子どもと大人と共に楽しく学ぶエクササイズは、お互いのつながりを深め、信頼関係を育むと同時に、子どもの権利に対する意味ある理解として深まります。ここで紹介した以外でも、自分たちで楽しめる活動があれば、是非それらを取り入れてください。

1. 子どもも大人もコミュニケーションを活発にするアクティビティ

（1）アイスブレイク──いかにリラックスできるか、相手を信頼できるか

フルーツバスケット（共通点を知るエクササイズ）

　①参加者は輪に並べた椅子に座る。一人だけ輪の真ん中に立ってオニになる。つまり椅子の数は参加者総数より一つだけ少ない。立っている参加者も含め全員が一人ずつ自分が何のフルーツか決める（例えば、リンゴ、ミカン、ナシなど）。できるだけそれぞれが同じ数になるようにする。立っている人が「ナシ」といったら、ナシの人は一斉に立って、空いた別の椅子に座る。ただし、左右両隣はだめ。「フルーツバスケット」と言われたら、全員が立って他の椅子に移動。座れなかった人が、次のオニになって続ける。

②やり方が分かったら、次はフルーツではなく、オニになった人がどんな特徴をもった人に立って移動してもらうか決める。例えば「黒い靴を履いている人」とか「眼鏡をかけている人」「アニメが好きな人」などと叫ぶ。自分に当てはまる人が立って椅子を移動する。これは、共通点を見つけるエクササイズ。

トイレットペーパー自己紹介

参加者は、2日間離れ孤島に滞在しなければならなくなったときに必要と思う量のトイレットペーパーをとる。参加者はそれぞれ、取ったトイレットペーパーをミシン目で切り離し、切り離した数だけ自分のことについて話す。

（2）スカベンジャーハント（都市の場合）など――いかに結託できるか!?

大人と子ども混合のグループを3チームぐらいに分け、それぞれチームの名前を決め、そのチーム名のロゴを模造紙に描く。次に、課題が書かれている紙をもらい、その課題を解くためにチームで話し合いながら街に繰り出す。課題の例としては、「地元で有名な食べ物を食べている写真を撮る」「有名な観光地でみんなでジャンプしながら写真を撮る」など。課題をクリアすると点数がもらえる。さらに、ボーナス問題として「通行人とじゃんけんする」「通行人と自撮りする」などクリアするとさらに点がもらえる。制限時間内に出発点に帰り、点数を合計して勝者を決める。

（3）オリエンテーリング（自然の中で）

子どもと大人混合のグループを、1グループ4〜6人で組み、マップを頼りにコースを進み、ゴールを目指す。指定された順序でポストを回り、ポスト記号を確認してマップに記録しながら、できるだけ短い時間でグループ全員がゴールすることを競う。全員が最終地点に到達し、記録用紙を提出すると、ゴールが認められる。

2．子どもの権利を子どもと大人と共に楽しく学ぶエクササイズ

（1）どれが子どもの権利？「子どもの権利」について考えよう──「権利」「必要」「願望」エクササイズ

「権利」「必要」「願望」のエクササイズ

- 全体を6人ずつのグループに分ける
- 表のそれぞれの項目がどれに当てはまるかグループごとに話し合う
- 決まったら、グループごとに発表する
- 全体で発表に関して議論する

どれが「子どもの権利」?

「権利」「必要」「願望」のエクササイズ

- 全体を6人ずつのグループに分ける
- 表のそれぞれの項目がどれに当てはまるかグループごとに話し合う
- 決まったら、グループごとに発表する
- 全体で発表に関して議論する

どれが権利なの?

	権利	必要	願望
食べ物(食事)			
プライバシー			
教育(学校)			
デート(愛情?)			
家族との面会			
遊び(スポーツ)			
医療・治療			
好きな衣料			
プライベートな会話			
携帯電話(スマホ)			

どれが権利なの?

	権利	必要	願望
食べ物(食事)	○		
プライバシー	○		
学校(教育)	○		
デート(愛情?)			○
家族との面会	○		
スポーツ(遊び)	○		
医療・治療	○		
好きな衣料			○
プライベートな会話	○		
携帯電話(スマホ)		○	

「願望」でも「必要」の場合が

- 例えば：テレビを見るとかコンピュータを使う

➤ これにより情報を得たり共有することで *健全な発育または暴力・虐待から身を守る権利につながる場合*

2016年12月、カナダのCRTCはインターネットを「国民に必要なインフラ」と規定

（2）子どもの権利条約

好きな条項やその条項について意見などエクササイズ

(3) ディスカッション・ステーション巡り

- 部屋の壁に異なった問題の紙を互いに距離をおいて貼る（模造紙）。
- グループごとに別のステーションから一斉に出発。
- 模造紙に書かれた問題のコメントが「正しい」と思う意見や場面は左半分に、「正しくない」と思う意見や場面は右半分に書き出す。その際グループでよく話し合い、それぞれの場合や状況を書き出し理由を考える。
- 3分経ったら、グループごとに時計回りにステーションを移動する。
- 前のグループが書いたものに付け足したい意見があれば書き込む。
- これをすべての問題が終わるまで繰り返す。

問題1〜6

1. 親が、子どもの友達を選ぶべきである。

   「正しい」と思う場合はどういうときか？

   「正しくない」と思う場合はどういうときか？

   なぜ、そう思うのか？
2. 親は、子どもの日記を読むことができる。
3. 子どもには、今流行っている服が与えられるべきである。
4. 子どもは、学校の成績が良いときだけ遊ぶことができる。
5. 子どもは同意したくなければ、そのことを自由に発言できる。
6. 子どもより大人のほうがなんでもよく知っている。

監修：菊池幸工

カナダ各州の子どもアドボカシー機関にみる「検証・調査」と「アドボカシー」

二つの活動によって子どもの声を増幅させる互恵性

鳥取大学地域学部　畑 千鶴乃

　ここでは本書では多く触れなかった、2016年に法制化されアドボカシー事務所の業務に新たに加わった「検証・調査」について解説するとともに、その「検証・調査」の業務が子どもアドボカシー、とりわけ子どもやユースの手で行うシステミックアドボカシーやそこから発展したコミュニティディベロップメントアドボカシーにどのように生かされるか、双方の互恵的な関係について『鳥取養育研究所養育研ニュース』（2021年度春号 Vol. 29）にて発表したものを修正・加筆し再掲したものです。

研究の背景

　「こども家庭庁」設置法案が閣議決定され、内閣官房HPの「第208回通常国会」で提出法案として掲載されている。概要「3.こども家庭庁の所掌事務」(1)分担管理事務（自ら実施する事務）が11あり、その最下段に「こどもの権利利益の擁護（他省の所掌に属するものを除く）」と示されていることから、子どものアドボカシーに関する事務を担うことが分かる。子どもアドボカシーシステムの必要性とその内容について、「子どもの権利擁護に関するワーキングチーム」が2019年12月に厚労省内に立ち上がり、11回の議論を経て2021年5月27日にとりまとめを公表している。その議論を取り込む形で社会保障審議会（児童部会社会的養育専門委員会）が報告書を2022年2月10日に出すことで一定の方向性を示した経緯をたどる。この報告書による権利擁護に関して言及されている部分については巻末資

*として掲載する。この中で、「子どもの権利や利益が守られているか、行政から独立した立場で監視すること」として、「子どもの代弁者として子どもの権利擁護の促進のための必要な法制度の改善の提案や勧告を行う」ために、「国や自治体のシステム全体に働きかける機能が必要であると明記された。省庁横断的に、国レベルの権利擁護機関（子どもコミッショナー）について、検討を進める必要がある[5]」とは記されたものの、子どもが児童福祉サービスを受けているときに、深刻なけがを負ったときや死亡したときの検証や調査を行い、子どもの声を代表して必要な法制度の改善に関して提案したり勧告したりする必要性については全く触れられずに終わり、子どもアドボカシーシステムの議論から外れていると懸念する。

　学術研究分野では子どもアドボカシーシステムにおいて、施設訪問アドボカシーの理論的実践のあり方に関しては栄留らによって近年多く報告されてきた[6,7]。子どもアドボカシーにおける当事者参画に関する提案も報告されている[8]。「検証・調査」に関しては、筆者らによる研究にて、アドボカシー以外の重要な任務として、2016年オンタリオ州アドボカシー機関に新たに「調査（Investigation）」と、その中に「死亡検証への参加（Inquest）」の業務が位置づいたと、概要を紹介した[9]。このように学術領域においても、子どもの養育される場で重篤な権利侵害が起きた場合に、子どもが直接声を上げる方法だけに留まらず、アドボカシー機関側が主体的に判断して、同じような悲劇を繰り返さないようにするために、同じような境遇にいる子どもたちの声を代弁する手法となる「検証・調査」についてはほぼ未解明である。

　そこで本研究では、子どもアドボカシーシステムにおいて重要な柱となる、子どもの権利救済の手法「検証・調査」についてその内容を明らかにする。そうすることで子どもアドボカシーと検証・調査の二つの活動がどのように互恵的な関係にあって、子どもの声を表に出し、子どもの問題を解決する両輪になり得るのか解明することを目指す。具体的にはカナダのいくつかの州アドボカシー機関での「検証・調査」の概要を把握すること

を目的とする。

　本研究の目的を達成するために行った調査は以下の通りである。第一に2018年、2019年の訪問調査によって得たオンタリオ州アドボカシー機関（以下、ON州）とブリティッシュコロンビア州アドボカシー機関（以下、BC州）に関する資料を分析する。第二にON州、BC州で得た資料の補足として、アルバータ州アドボカシー機関（以下、AB州）から提供されている資料を分析する。第三にカナダのすべての子どもとユースアドボカシー機関から成る評議会Canadian Council of Child & Youth Advocates（以下、CCCYA）から提供されている資料を分析する。

子どもアドボカシーの定義

　まずカナダでは、すべての州（10の州と3つの準州）アドボカシー機関に子どもやユースの話を聞いて、最後まで子どもと共に行動するというアドボカシー活動を担う専門家が配置されている[10]。彼らは「アドボキット（Advocate）」と呼ばれる。ON州ではアドボキットを規定する2007年制定の根拠法（Provincial Advocate for Children and Youth Act Ontario）の第1条目的で「先住民、特別な支援がいる子どもを含んで、子どもとユースに独立した声を提供し、彼らとパートナーとなって問題を提起する[11]」と規定している。BC州では根拠法（REPRESENTATIVE FOR CHILDREN AND YOUTH ACT）の第3部アドボキットの役割と一般的な権限第6条 (1)(a)(i) で「子どもや家族に対し、所定のサービス〔筆者注：社会的養護をはじめとする州から提供されるサービスの意〕をいかに効果的に利用できるか、セルフアドボカシーをより良く行う方法について情報を提供したりアドバイスを提供したりする」と定めている。どちらの法律にしても、またCCCYAもカナダ全土のアドボキットは「子どもやユースの権利を推進し、彼らの声を高める義務をもつ[12]」と示していることを踏まえ、これらがカナダ全土に共通する子どもアドボカシーの定義と言ってよい。アドボキットの職務については別稿で触れることとし、本研究では、州アドボカシー機関の重要な

任務の二つの柱である「検証・調査」について触れる。

検証・調査の概要

　検証・調査の業務を把握するために、BC州が示している "Reviewing and Investigating Fact Sheet"[13]について概要を以下の通り示す。

（1）何のために行うのか（目的）

　　州政府からサービスを受けている子どもやユースの事故や死亡事件に関して調査し、この事件から学ぶべきことを明らかにする。

（2）何をするのか

　　州政府からサービスを受けている子どもやユースが重傷を負う、死亡した場合、アドボカシー機関は、同じような事件が起こらないようにするために何を改善すべきなのか検証、調査し、勧告を行う。

（3）どのような検証・調査を行うのか

- 検証・調査には、以下の様々な形態を伴う。
- 事故やけがに対する多数の情報を収集、調査する。
- 事故やけがに対する傾向を把握するために、類似した特徴をもつ事例を調査する。
- 事故やけがに対するすべての文書を調査する。
- 事故やけがに対する個別の聞き取り調査を行う。
- 目撃者への聞き取り調査を行う。
- アドボカシー機関は、必要に応じて証拠を提出させる法的権限を有する。
- アドボカシー機関の検証・調査は、以下の捜査などを阻害してはならない（警察・検察・消防など）。

（4）検証・調査は誰が担うのか

　　アドボカシー機関は深刻なけがや死亡について調査する。

- 専門家からなる学際的なチームを組む。

- 前述のチームが会議を重ね個別事例の証拠と、類似した特徴を
  もつ事例を調査して得た証拠から検証する。
- 前述のチームは法律、公衆衛生、医学、病理学、先住民族に関
  する研究者などのメンバーによって編成される
(5) どのように公表されるか
- アドボカシー機関は州議会の子どもやユースに関わる全政党特
  別常任委員会に報告する。
- アドボカシー機関のHPに一般公開する。

　このように、州政府からサービスを受けている子どもやユースが深刻な
けがを負った、死亡した場合、二度と同じような事件が起こらないように
するために何を変えなければならないのか明らかにすることを目的に、速
やかにアドボカシー機関が動き、調査して勧告を出す権限を有する。そし
て勧告を受けた先は、その内容に即して改善していく責務を負う。また勧
告の内容がきちんと履行されているかアドボカシー機関は改善されていく
までモニタリングする。こうして法律、政策や実践が改善されていくこと
をモニタリングすることで、将来起こり得る子どもやユースの深刻なけが
や死亡を防ぐ砦となっていく。また死亡検証に至っては、「亡くなった子
どもの声を表に出す」最終手段である。

システミック・レビューとは何か

　次に「システミック・レビュー」と呼ばれる検証の手法について概観す
る。カナダ各州アドボカシー機関においては、個別の事例の調査・検証に
たずさわるだけでなく、同様の特徴をもつ多数の事故・けがや死亡に関す
る情報を収集し、事故やけが、死亡が起こりやすいある特定のパターンを
見極め、そのパターンに介入して、改善を迫る「システミック・レビュー」
と呼ばれる手法をも駆使している。

　システミックな問題とは、AB州では以下のような条件が当てはまる問

題のことを指す[14]と説明されている。

- 複数のユースに影響をおよぼす
- 対処しなければ、再発する可能性がある
- 通常解決するには、政策や規則、法律を変える必要がある

　つまりその問題は子どもに関する法律や政策、措置によって広く子どもの日々の暮らしの中に行き渡っていたり、その可能性があったり、または政策と実際のギャップによって欠如していることだったりして、複数の子どもに認められる問題のこととされている。

　ここでさらに言えば、「システム・レビュー」ではないことに言及しておきたい。「システム＝法制度、政策や実践ガイドライン・マニュアルなど」を変えるだけでは変わり切らない、「システミック＝全体に影響をおよぼす」ところまで変える必要がある、人々に広く行き渡る慣行、人々の意識や認識まで踏み込んで（もしくは切り込んで）変えていこうとすることで、現在および将来の、まさに子どもやユース全体に利益をもたらすことを目指すものである。「システミック・チェンジ」が求められる諸問題に介入する手法と説明できる。これも「検証・調査」チームの重要な任務である。カナダに暮らす子どもやユースがおかれている現実として、先住民への植民地化政策の禍根、移民や難民に対する差別や偏見、LGBTQ2S＋の人々に対する差別や偏見など弱い立場に立たされている人たちに対する差別や偏見の意識が生み出す構造的で根深い権利侵害が、今なお残されている。この問題に切り込んでいくことこそカナダの子どもやユースが最も望むものとしてカナダのアドボカシー機関は実践を積み重ねてきた。ON州アドボカシー機関元所長のアーウイン・エルマン氏は、彼自身の言葉で「Fundamental Change ＝ファンダメンタル・チェンジ」と表現し、子どもアドボカシーを実践されていた。「根本から変える」という意味だが、まさに子どもアドボカシーは、根本から変えていく過程そのものによってカナダの子どもやユース全体に利益をもたらすという、氏なりの実践理論と言えるだろう。カナダでは子どもアドボカシーの実践理念として、「シス

テミック」をキーコンセプトとしている。前述したカナダにおける子ども
やユースに広く行き渡っている「システミック」な根深さをもつ問題につ
いては、カナダの歴史をさらに捉える必要があることから稿を改めて詳細
に検討することとしたい。

　このシステミックな問題はどのように特定されるか説明すると、個別ア
ドボカシーを丁寧に実践するなかで、共通した問題がある、特定のパター
ンがあるとアドボキットの側に認識されたときからスタートする。アドボ
キットがある特定の問題を捉えると、アドボカシー機関内部として上層に
報告し、機関としてシステミック・レビューに着手する権限をもつ。この
システミック・レビューは、子ども当事者の側からこうした問題を何とか
してほしいと声が上がったことを受けて動く場合もあれば、アドボカシー
機関の側から主体的にシステミック・レビューを行うこともできる。この
ように個別の子どもの深刻な事故・けがや死亡に関して検証・調査するこ
とも、複数の子どもに広く行き渡る深刻な問題に関して検証・調査するこ
とも、子どもの声を表に出して、その声に即しながら問題を解決していく
方法に他ならない。

ON州子どもアドボカシー機関調査ユニットの立ち上げ

　ON州アドボカシー機関は、2016年3月、新たに調査に特化した分
野に乗り出した。これは、the Public Sector and Member of Provincial
Parliament (MPP) Accountability and Transparency Act, 2014 (Bill 8)（以下、
Bill 8）の成立（2014年）に伴うものである。Bill 8は、2007年に制定され
たProvincial Advocate for Children and Youth Act Ontarioにて、CASや施
設・里親家庭が提供するサービスを改善するための調査・検証、勧告を
行うことができるよう改正したものである。その任務を達成するために、
CASや児童養護施設・里親家庭で記録された子どもに関するあらゆる記
録物を入手して把握できるようにもしている。しかしこの段階では、少年
司法、メンタルヘルス、特別支援のサービス施設で暮らす子どもには適用

されていない。そのため今後権限を拡大させる必要がある課題をもって、調査ユニットはスタートした。

　そして前述の2014年改正を受け、ON州アドボカシー機関は2016年3月に調査ユニットを発足させるに向け、大々的なシステミック・レビューに着手する準備を2015年から開始している。この調査に乗り出した理由を、「昨年（2014年）、州政府へ20,000件以上もの深刻な事案が報告されている事実を当オフィスは把握した。この数値は憂慮すべきものである。入所している子どもが直面する問題の深刻さやパターンをより詳細に把握するために、発生事例5,000件のサンプル調査に着手する[15]」と述べている。それが後述する "Serious Occurrences Report" に結実する。

"Serious Occurrences Report"

　ここでON州アドボカシー機関が2016年2月に公表した、"Serious Occurrences Report Preliminary Report"（重大事態報告書に関する報告速報版）を紹介する。本検証報告は、入所施設における子どもの安全に影響をおよぼす懸念のあるパターンや傾向を施設管理責任者に示すためにとりまとめられたものである。

　子どもの入所している施設や里親家庭において、
- 子どもの深刻な傷害
- スタッフが子どもにけがをさせた場合
- 子どもへの虐待または不当な扱いを受けている場合
- 子どもの身体拘束
- 子どもから、または子どもに関する深刻な苦情があった場合
- 施設内で火災などの災害が発生した場合
- その他、子どもに関する重大な事態が発生した場合

子ども家庭サービス法においてChildren's Aid Society（ON州児童相談所の意味）か州政府へ「重大事態報告書」を24時間以内に提出することを義務づけている。

▲Serious Occurrences Report
reliminary Reportの表紙

その重大事態報告書が、ON州アドボカシー機関によるシステミック・レビューの対象となった。州政府へ提出された「重大事態報告書」のうち5,011件を検証した結果、どのようなパターンで子どもの重大な事故や事態が発生し得るか八つのカテゴリーを特定した。その中の「身体拘束」というパターンにおいて、特に発達に弱さや特性をもつ子どもやユースの身体拘束の傾向を報告している。施設入所中の子どもの身体拘束については、どのような場合に拘束が可能か、子ども自身や他者へ身体的傷害の差し迫った危機がおよぶ場合について子ども家庭サービス法で定められているが、その拘束に関する施設内での規則が明らかに欠如していると指摘されていた。また施設スタッフが一部のユースから相当量の攻撃を受けたり、自傷行為、器物損壊、他者への攻撃で現れたりしている状況や、「ユース自身や他者への危険をさらすような重大なメンタルヘルス上の危機があるが、重大事態報告書からは、拘束に至った経緯、使用された拘束具の種類、拘束時間、拘束に関与した人数が必ずしも明らかではない」と指摘されていた。この他、「手書きで判読が困難な報告書もあった。多くの報告書には、日時、報告書を記したスタッフの氏名、通知された個人の名前、現在の状況や状態など、重要な情報が欠けていた」と、提出されている報告書の記載に大きなばらつきや不備が見受けられたとも指摘されていた。そこで改善点として、サービス提供者に事態の概要を説明するよう記載すべき内容について具体的に指示している。何が、どこで、いつ起きたのかサービス提供者が行った行動を含むように、その報告書を読むことで、何が起こったのか、その後にどのようなフォローアップが行われたのか、正

確に記す改善点を提案している[17]。

　ON州アドボカシー機関による2016年の年次報告では、「Serious Occurrences Reportは質の低い記載報告以外に、頻繁に起こる薬物の誤用や自傷行為による深刻なけが、多数の虐待疑惑、1,000人近い子どもの行方不明の報告や2,000件を超える身体拘束などに関する報告を把握した[18]」と報告している。また「本報告書を、州子どもとユース入所サービス審査委員会に提出した。その審査委員会も同様に子どもの入所サービスに関して独自で検証を行った」とも報告している。

　この検証・調査チームの成果として2016年6月には、過去12か月以内にCASの措置によってサービスを受けた子どもやユースの死亡や深刻な被害に関して州アドボカシー機関へ通知を義務づける法律が施行されている[19]。こうして、2015年頃の"Serious Occurrences Report Preliminary Report"公表に関連した法改正、調査・検証の実施によって「調査・検証」は、子どもアドボカシー機関の重要な任務として定着したと言ってよい。

子どもアドボカシー機関が独自で調査・検証に乗り出す意義

　この「評価・検証」を通して州アドボカシー機関として、

- 重大事態報告書の公開によるWeb上のデータベースをつくること
- 報告書がすべて的確に記載されること
- 事故や事件にあった子どもやユースが自分の思いや意見を言う機会をつくること
- 身体拘束について基準を設け、それに沿って行うこと
- 身体拘束や行方不明になるユースの問題について子どもの声を聴くミーティングの機会をつくること

を勧告している。この勧告は、州政府、CAS、CASによって認可を受けている施設や里親家庭に向けられたものである。評価・検証内容とともに勧告として州子どもとユース入所サービス審査委員会へ報告書を提出している。

これまでみてきたカナダのアドボカシー機関が行う「検証・調査」の業務に照らし、ON州アドボカシー機関が行った"Serious Occurrences Report"の意義を整理する。

　第一に、先述の「州子どもとユース入所サービス審査委員会」とは州政府内に設置されている州政府自ら行う評価・検証部会として捉えてよいだろう。さながら日本で言う行政内部に設置されている評価・検証を担う「児童福祉審議会」のような役割と推測できる。州政府から独立した子どもの声として、"Serious Occurrences Report Preliminary Report"はON州アドボカシー機関から州政府内の州子どもとユース入所サービス審査委員会に提出された。次のステップとして州子どもとユース入所サービス審査委員会は、上記5点についてどのように改善や実施を図るべきか、その策を行政に提案しなければならない。そしてそこで示された策を受け、"Serious Occurrences Report"が子どもやユースの安全を守るための有効な策となるよう州政府は、上記5点を実現する過程をもちながら、CASやCASによって認可を受けている施設や里親家庭を行政として指導し、改善していく責務をもつ。そしてそれが改善されるまで州子どもアドボカシー機関はモニタリングを続ける。このような子どもの声を中心とした改善のサイクルは、一人ひとりの声を個別に聴いているだけでは成し得ず、ON州内の施設や里親家庭に広く見過ごされてきた「複数のユースに影響をおよぼす、対処しなければ、再発する可能性がある、通常解決するには、政策や規則、法律を変える必要がある」事実に切り込んで改善を迫り、結果として法制度を変える「システミック・チェンジ」を果たしたものであった。

　第二に本検証は大がかりなため、ON州アドボカシー機関とON州にあるライアソン大学（現トロントメトロポリタン大学）キム・スノウ博士との共同で行われたものである。ちなみにキム・スノウ博士はライアソン大学にて准教授職にあたる前は、ON州アドボカシー機関のアドボキットであった。このように大がかりな質的・量的調査・検証を行う際に、大学と

いう研究機関と共同実施する姿勢は科学的検証の観点からも、州政府からの独立性を強化して当事者の声を表に確実に出す観点からも意味がある。

　第三に、施設で起こった事件や事故だけを対象にして検証・調査するのではなく、整備されるべき書類なども含んでシステミック・レビューの対象としている点は非常に示唆的である。なぜならば、この重大事態報告書が子どもの大きなけがや深刻な問題が起こらないようにするために何を改善すべきか施設や里親家庭側が考えるための重要な証拠・資料として機能していない管理・運営体制の慢性的な不備を見抜いたものであるからである。施設や里親家庭で看過されてきた「複数のユースに影響をおよぼす、対処しなければ再発する可能性がある、通常解決するには、政策や規則、法律を変える必要がある」ことに介入し、問題が起こる根っこの部分を掘り起こしたものである。

　このようにシステミックに調査し、ある特定のパターンをもち広く子どもに悪影響を与える不備を見つけ、その問題について改善策をきちんと実行するように州政府と州政府によって認可を受けている子どもの入所施設や里親家庭に促し、改善されているかリアルタイムでモニタリングして子どもやユースに関わる問題点を把握する手法である。こうしたシステミックな問題に介入して解決を図る権限を子どもアドボカシー機関がもたない限り、子どもの権利に根差したケア環境の抜本的な改善にはつながっていかないであろう。その意味において、システミック・チェンジを目指すシステミック・レビューを子どもアドボカシーの重要な役割として位置づけることは必須であるとカナダの姿から示唆される。

システミック・チェンジを子ども自身の手で行う

　ここまで子どもアドボカシー機関が担う「検証・調査」の権限について、子ども個別の場合について、子ども複数にみられる場合について双方を紹介してきた。最後に前述の子ども複数にみられる場合に、「システミック・レビュー」を行ったことがどのように子どもアドボカシーにつな

がっていくか検討したい。

　先述の通り、「検証・調査」チームは、子どもやユースに共通する根底にある問題を見抜き、調査して勧告を出す一連の問題解決のプロセスを担う。しかしこのプロセスそのものは厳密に言うとアドボカシーではない。例えばON州では、アドボキットを規定する根拠法において、「検証・調査」と「アドボカシー」の機能を分離し、その両方を同時に行ってはならないと定めている。因果関係を徹底的に洗い出し、真実を解明しようと「調査」を行うときには、子ども自身に向けて「調査」を実施する場合もあるためである。それに対して「アドボカシー」を行うアドボキットは、子どもの側に完全に立ち切り子どもの話を聞き、子どもに誘導される形で最後まで子どもと共に動くことを実践する人である。つまり調査をする人ではない。調査をする専門家とアドボカシーをする専門家として同時に両立できないのはこの所以である。

　そこでON州子どもアドボカシー機関は、このようなシステミック・レビューが立ち上がるとき、その調査の対象となっているユースや子どもが参画する「ユースアドバイザリーグループ」を立ち上げ、子どもたちの生の声、生きた経験を集め、かつ、システミック・レビューへ助言するための、子どもの声を表に出す場を必ずつくってきた。そこで暮らす子どもの声を代表し、その子たちの願いや思いを反映した改善が促されるような報告書としてまとめることができるよう、その子どもたちに調査の進捗状況をフィードバックしながら、このような問題を抱えている、このように改善をしてほしいと、当事者である子どもたち自身が安心して声を出せるように環境を整えていった。この役割を担ったのが「アドボキット」である。その意味において、システミック・レビューの成果は当事者が声を表に出すことを強力に推し進める重要なツールとして極めて大きな意味を成す。こうしたアドボカシー活動が成功したとき、子どもたち自身の手によって「システミック・チェンジ」につながっていく。残念ながら、この時「ユースアドバイザリーグループ」が立ち上がったことだけが報告され

ており、[20]どのような活動を行ったのか、詳細は言及されていない。しかしながら、前述の「2016年6月には、過去12か月以内にCASの措置によってサービスを受けた子どもやユースの死亡や深刻な被害に関して州アドボカシー機関へ通知を義務づける法律が施行された」という速やかな法改正につながったことは、施設や里親家庭で暮らしているとき、自分が大きなけがを負ったり、大きな事故にあったりしたときは、速やかにCASや州政府に的確に報告されること、またその内容は速やかに州アドボカシー機関に報告されること、自分が望めば州アドボカシー機関は速やかに調査に動いてくれること、また子どもから要望がなくとも州アドボカシー機関が必要性を感じればすぐに調査に動くことを、子ども自身が望んだ証（システミック・チェンジ）であっただろうと考える。

　カナダ各州のアドボカシー事務所は、「子どもアドボカシー」と「検証・調査」を各々で実行させながらも、「検証・調査」の成果を子ども自身が行うアドボカシー活動において彼らの声を増幅させる強力なツールとして取り込むという独創的なアドボカシー実践を切り拓いてきた。こうすることで「子ども自身が抱える問題を表に出し、子どもと共に解決を図る」というアドボカシーの精神を見事に体現した。まさにシステミック・チェンジを子どもたちの手で実現する手法である。

結　論

　以上、みてきたように、「検証・調査」と「アドボカシー」は子どもアドボカシー機関に必須の2大活動であり、両輪である。そしてそれぞれの活動には、その専門性を発揮する専門家が配置される必要がある。この二つは各々の活動として組織されながらも、結果として子ども自身が自分の声を大きくすることに還元されていく。弱い立場で自分ひとりでは言えなかったことも、システミック・レビューの成果の中で示されていることに自分も同意する、この中に書かれているこのことをしてほしい、などシステミック・レビューの成果を土台として、子ども自身の手によってふんだ

んに活用されるべきである。そのためにシステミック・レビューを行っていると言ってよいのかもしれない。このようにカナダ各州によって実践されてきた子どもアドボカシーの先駆性から日本も学ぶべき点が多くあるのではないかと考える。これから日本の各地域で子どもアドボカシーシステムが模索されていくこととなるが、社会保障審議会児童部会社会的養育専門委員会報告書で示されている内容では、子どもの声を子ども自身の手で大きくする、そしてシステミック・チェンジに確実につなげていくプロセスとしては議論の余地があることを指摘するものである。

　子どもの声を増幅するためには、子どもに起こった権利侵害に対する検証や調査を丁寧に行うこと、その権限を付すこと、その権限をもつ専門家を配置すること、そしてその検証や調査は誰からもどの機関や施設、政府からも干渉されないこと、そんな仕組みづくりに乗り出していく必要がある。それは鳥取県でも鳥取県以外の都道府県でも求められている。

今後の課題

　本研究では、カナダ各州の子どもアドボカシー機関が担う2大業務である「検証・調査」と「アドボカシー」について、特に「検証・調査」の概要を把握しながら、それが子ども自身の手によってどのように活用されていくのか、それが子どもの声の増幅にどのように生かされるのか、二つの活動によって子どもの声を増幅させる互恵性を捉えた。しかしながら、「検証・調査」チームがどのような活動を担うのかその詳細なプロセスについて触れることができなかった。今後、その研究に着手する必要がある。またシステミック・レビューによって、どのように子ども自身が自分の声の増幅に生かしていくのか、さらに追跡調査することとしたい。最後に大きな課題として、カナダのアドボカシー機関が「システミック」と称する根深い権利侵害問題について真に理解できるよう研究を進める覚悟をもちたい。

謝　辞

　本研究は、ON州にあるOntario Child and Youth Advocate's officeおよび
BC州にあるThe Representative for Children and Youthにて実践を惜しみ
なくご教授いただき研究成果としてまとめることができました。心よりお
礼申し上げます。

　本研究は、「子どもの権利擁護機関の設置構想：子どもの声を反映させる
政策改善過程分析を通じて」（若手研究・18K13113）、鳥取大学地域学部戦
略3-1、鳥取養育研究所アドボカシー研究会による研究成果の一部である。

巻末資料*

（1）権利擁護

　①子どもの意見・意向表明

　　○全ての子どもについて、特に養育環境を左右する重大な決定に際し、子どもの
　　　意見・意向を聴き、子どもが参画する中で、子どもの最善の利益を考えて意思
　　　決定が成されることが必要である。

　　○このため、都道府県等又は児童相談所が

　　　・一時保護を行う場合

　　　・施設の入所措置（指定発達支援医療機関への委託措置含む）、在宅指導措置、
　　　　里親等への委託を行う場合

　　　・施設の入所措置、里親等への委託の期間更新、停止、解除、他の措置への
　　　　変更を行う場合

　　　・児童自立生活援助事業の実施や母子生活支援施設の入所の場合には、子ど
　　　　もの最善の利益を考慮しつつ、子どもの年齢等に応じて、その決定が成さ
　　　　れる前に（緊急に一時保護を行った場合等は事後に）、子どもの意見・意向
　　　　を聴取すること等により、その意見・意向を把握してそれを勘案しなけれ
　　　　ばならない旨、法令や通知等に規定する。

　　○また、児童福祉施設においては、特に自立支援計画等を策定する際に子どもの
　　　意見・意向を聴く機会を確保する（会議に子どもが参画する等）よう、法令や
　　　通知等に規定する。

　　○子どもは一人では意見・意向を形成し表明することに困難を抱えることも多い
　　　と考えられることから、意見・意向表明支援（アドボケイト）（※）が行われる
　　　体制の整備を都道府県等の努力義務にする。また、子どもの意見・意向表明を
　　　支援する活動を都道府県等による事業とし、都道府県等は意見・意向表明支援
　　　を行うことができるものとする。

　　　　※児童に関する権利条約の日本語訳では、「意見」の表明とされており、「意見表明支援」とすべきとの意見があった。

○この際、意見・意向表明支援については、都道府県等は一定の独立性を担保する必要がある。その中で、外部に委託することを基本とすべきとの意見があった。

○そして、意見・意向表明支援の役割を担う者は、研修などでその資質を担保する仕組みが必要である。都道府県等において一定の水準が確保されるよう、国において研修プログラムの例を作成して提供するなど必要な支援を講じる必要がある。

○子どもが意見・意向の表明や子どもの権利擁護について知ることができるよう、都道府県等や児童相談所、施設等や里親等が機会を捉えて伝えていくことが必要である。

②政策決定プロセスにおける当事者の参画

○都道府県等が子ども家庭福祉に関する制度・政策の検討・決定過程には、その会議に子どもや社会的養護を経験した者の参画を図るなどにより、子どもや社会的養護を経験した者の視点や意見・意向が反映されるよう国から働きかける必要がある。

③権利擁護機関

○子どもの意見・意向を処遇等に適切に反映させていくためには、都道府県等において、意見・意向を受け止め、必要に応じて児童相談所等と調整を図り、対応の改善を促す機能を有する第三者機関（権利擁護機関）の整備も求められる。

○児童福祉の分野における権利擁護は喫緊の課題であり、都道府県等は、児童福祉審議会（自治体が独自に設置する権利擁護機関が行うものも含む）による調査審議や意見の具申が適切に行われるための仕組みの整備や意見・意向表明を支援する事業その他の方法により、子どもの権利擁護の環境整備を行うこととする。

○さらに、「子どもの権利擁護に関するワーキングチームとりまとめ」（令和3年5月）において、

　　・子どもの権利や利益が守られているか、行政から独立した立場で監視すること

　　・子どもの代弁者として子どもの権利擁護の促進のための必要な法制度改善の提案や勧告を行うことなど、国や自治体のシステム全体に働きかける機能が必要であると明記された。省庁横断的に、国レベルの権利擁護機関（子どもコミッショナー）について、検討を進める必要がある。

出典：令和3年度　社会保障審議会児童部会社会的養育専門委員会報告書、pp. 26–28

【注】

1　「こども家庭庁設置法案」第208通常国会　内閣官房。https://www.cas.go.jp/jp/houan/208.html（最終アクセス日：2022年11月17日）

2　「こども家庭庁設置法案の概要」https://www.cas.go.jp/jp/houan/220225/siryou6.pdf（最終アクセス日：2022年11月17日）

3　「子どもの権利擁護に関するワーキングチーム　とりまとめ」の公表について、2021年5月27日。https://www.mhlw.go.jp/stf/newpage_18934.html（最終アクセス日：2022年11月17日）

4　「令和3年度　社会保障審議会児童部会社会的養育専門委員会　報告書の公表について」社会保障審議会（児童部会社会的養育専門委員会）2022年2月10日。https://www.mhlw.go.jp/stf/newpage_23851.html（最終アクセス日：2022年11月17日）

5　同上、pp. 27–28。

6　栄留里美・鳥海直美・堀正嗣・吉池毅志『施設訪問アドボカシーの理論と実践——児童養護施設・障害児施設・障害者施設におけるアクションリサーチ』明石書店、2022年。

7　栄留里美・鳥海直美・堀正嗣・吉池毅志『アドボカシーってなに？——施設訪問アドボカシーのはじめかた』解放出版社、2021年。

8　栄留里美・長瀬正子・永野咲『子どもアドボカシーと当事者参画のモヤモヤとこれから——子どもの「声」を大切にする社会ってどんなこと？』明石書店、2021年。

9　菊池幸工「3.アドボカシー事務所の具体的な活動と任務」pp. 114–117、「4.インクエストにおけるアドボカシー事務所の役割」畑千鶴乃・大谷由紀子・菊池幸工『子どもの権利最前線　カナダ・オンタリオ州の挑戦——子どもの声を聴くコミュニティハブとアドボカシー事務所』かもがわ出版、2018年。

10　オンタリオ州子どもユースアドボカシー機関は2019年5月1日に廃止され、任務の一つであった調査権限が、オンタリオ州オンブズマンに移譲されたことにより、その内部に「子どもユースユニット」が新たに創設された。

11　Provincial Advocate for Children and Youth Act Ontario 第1条 [a], 2007（2019年5月1日廃止）

12　"ABOUT US" Canadian Council of Child & Youth Advocates. http://www.cccya.ca/content/Index.asp?langid=1（最終アクセス日：2022年11月17日）

13　"Reviewing and Investigating Critical Injuries and Deaths of Children and Youth" B.C.'s Representative for Children and Youth. http://www.rcybc.ca/about-us/

mandate-and-legislation/reviews-and-investigations/（最終アクセス日：2022年11月17日）

14 "Systemic Issues" OCYA Information for Adults Office of the Child and Youth Advocate Alberta. https://www.ocya.alberta.ca/adult/publications/systemic-issues/（最終アクセス日：2022年11月17日）

15 "A REVIEW OF SERIOUS-OCCURRENCE REPORTS" Report to the Legislature 2015, Office of the Provincial Advocate for Children and Youth, p. 40.

16 "Serious Occurrences Report Preliminary Report", p. 36 February, 2016. https://ocaarchives.files.wordpress.com/2019/01/sor_preliminary_report_022016_en.pdf（最終アクセス日：2022年11月17日）

17 同上、p. 27。

18 "SERIOUS OCCURRENCES REPORT" 2016 Report to the Legislature, Office of the Provincial Advocate for Children and Youth, p. 26.

19 "THE OFFICE'S INVESTIGATIONS UNIT A Year of Achievements" 2017 Report to the Legislature -Young People, Office of the Provincial Advocate for Children and Youth, p. 22

20 "THE OFFICE'S INVESTIGATIONS UNIT A Year of Achievements" 2017 Report to the Legislature -Young People, Office of the Provincial Advocate for Children and Youth, p. 22.

おわりに

　カナダの子どもアドボカシーに関わって、約30年の月日が流れました。この間、子どもの権利擁護の活動に関わり、学んできたことを本にまとめる機会を得たことはとても光栄に思います。

　カナダの子どもアドボカシーが「個別の権利アドボカシー」から「システミックアドボカシー」そして、それを牽引する「コミュニティディベロップメントアドボカシー」へと発展する過程には、常に子どもやユースがその中心にいました。例えば、アドボカシー事務所がインケアの子どもたちの経験を調査研究した報告書「内側からの子どもたちの声」が発表される記者会見にユースの代表が同席し、「報告書が子どもたちの声を過不足なく伝えている」と監査した結果を記者団に伝えたのですが、この報告書はユースの監査を受け承認を得て初めて発表されたのです。しかもこの報告書は、州政府の正式な報告書として発行されました。1998年のことで、私もその記者会見の場にいてこれを見ています。

　さて、これまでの出来事を振り返って私が一番感銘を受けたのは、やはり子どもやユースの国際交流でした。当事者の子どもやユースとの関わりがなければ、ここまで子どもアドボカシーについて深く理解することはできなかったでしょう。それは私の子育ての考え方や態度までも変えてしまいました。子どもの権利を学んでからは、子育てにおいて常に子どもの権利を意識するようになったのです。

　本文で紹介しましたが、アドボカシー事務所の活動基準の一つに、「ユースたちにどういうインパクトを与えたのか」があります。具体的には、

　　①自信をもつことができたのか

　　②知識をもつことができたのか

　　③人の助けを借りずに自分で自分をアドボケイトできるようになったのか

④自ら社会を変える力があると自覚したのか

の四つです。実は子どもやユースの国際交流が、まさにこの活動基準を満たしていることに気がつきました。これまで行ってきたユースの国際交流の報告書に書かれているユースたちの感想文を読んでいて、確信をもってこのことが言えます。なぜなら、1999年にカナダの当事者ユースが日本を訪問したことをきっかけに始まった両国のユースによる交流は、双方のユースに大きなインパクトを与えているからです。

　1999年の交流でカナダのユースは「お互いがサポートし合うことによってそれぞれの内にあるパワーを感じ取りましょう」「旅行を通じて私は一人の人間として成長しました」と書いています。翌2000年トロントを訪問した日本のユースは、ジャマイカやハンガリーのユースとも交流しました。このとき日本のユースは「この交流で視野が『世界』という単位に広がりました」「他の国との交流を絶やさないことが必要だと思います」「国際交流をもっと深め、日本の文化や習慣に合ったカナダの良い制度を取り入れ、日本の福祉が変わっていけばいい。そのためには大人だけでなく若者が国際交流のプログラムに携わる必要がある」「この交流をきっかけに日本の福祉も変えていかなければならないと思う」「今回のプログラムに参加して、施設の子どもたちに刺激を与えていくユースの一人になりたい」と非常に前向きな感想を述べています。また同行した若いサポーターは「どの子どもたちの中にも小さな革命が起こっていた。彼らがお互いに孤独でないことを肌で感じネットワークの重大性を認識した。日本のユースの成長ぶりは目を見張るものがあった」と述べています。そして日本に帰国したユースは、当事者ユースのグループCVVを立ち上げましたが、その設立理由を「カナダで国籍は異なるものの共通の思いをもち、その思いを具体的な行動に移している多くの子どもに出会い、自分たちにもできることはないのかと感じることになっていました」と記しています。2004年日本での交流で、カナダのユースは「私の人生のものの見方は大きく変わり、世界に対する視野や自分の人生への視点が変わった。CVV

とPARCのキャンプで、私は何か重要な瞬間に立ち会っているように感じた」「日本の施設を訪問して、違いもあるが共通点が多くあるということが分かった。その後の自分の将来の目標に刺激になった」と述べています。

　2015年のカナダ訪問の日本のユースは、「PARCのスピークアウトを聞いて、勇気づけられたことで自分にもできることがあるやろうと思い、本気でぶつかろうと思った」と語るユースがいました。2017年のカナダ訪問で日本のユースからは「人前で話せなかったのが、自分の意見を言えるようになった」「視野が広がった」「日本に帰ってから、職員と話ができるようになった」「この交流は続けてほしい」というコメントがありました。このように、当事者ユースの国際交流を通じてユースは見違えるほど成長しました。例えば、2011年にカナダのビクトリア市で開催されたIFCO（世界里親大会）でCVVが単独でワークショップをし、さらにPARCおよびウィニペグの当事者団体であるVOICEと3団体共同でワークショップをしたことに表れています。そして2013年には、大阪で開催されたIFCOでユースプログラムを企画し主導しました。

　国際交流をしたことでそれが刺激になり人生観が変わった人もいます。その結果、海外の大学に正規留学したユースもいますし、交流するまでは考えていなかった大学進学をするユースも続出しました。カナダのユースも、日本と交流したユースの中に弁護士、映像芸術家、教師、ソーシャルワーカー、子どもユースワーカー、メディア評論家などなど、社会に影響力をもつ職業に就いた人が大勢います。このように、これまで続けてきたカナダと日本の当事者ユースによる国際交流は、確実にユースに大きなインパクトを与えました。これはアドボカシー活動基準そのものです。そしてこの成果から、今後とも当事者ユースの国際交流は継続する必要があると思います。なぜならこれもユースの未来を拓くアドボカシー活動の一環だからです。

　最後に、これまで子ども・ユースのサポートとアドボカシーに尽力され

てこられたすべての人に心より敬意を表したいと思います。これからも共に子どもの声を聴き、彼らと一緒に人生の旅を続けましょう。そのためにも、本書が少しでも役に立つことを願っております。

2023年早春　カナダ　トロントにて

菊池 幸工

■ 著者紹介

畑 千鶴乃（はた・ちづの）

鳥取大学地域学部准教授。カナダ・オンタリオ州に学んで、日本における子どもアドボカシーシステムをつくる実践研究を行っている。そのひとつとして、鳥取養育研究所を運営し、子どもアドボカシーを学ぶ国際交流プログラム開発をメンバーで模索している。

［主な著書］

『子ども家庭支援論――家族の多様性とジェンダーの理解』（共著、建帛社、2019 年）、『子どもの権利最前線　カナダ・オンタリオ州の挑戦――子どもの声を聴くコミュニティハブとアドボカシー事務所』（共著、かもがわ出版、2018 年）など。

菊池 幸工（きくち・こうこう）

早稲田大学社会科学部卒。カナダ・トロント大学大学院修士号取得。ビジネスコンサルタント。日本の児童福祉関係者の研修・研究コーディネーター及び通訳。カナダと日本の社会的養護の子どもの国際交流コーディネーター。日本で「子どもの権利擁護」に関して、ワークショップや講演を行っている。全国子どもアドボカシー協議会アドバイザー。

［主な著書］

『境界線を越える世界に向けて――広がる仏教ソーシャルワークの可能性』（共著、学文社、2021 年）、『子どもの権利最前線　カナダ・オンタリオ州の挑戦――子どもの声を聴くコミュニティハブとアドボカシー事務所』（共著、かもがわ出版、2018 年）など。

藤野 謙一（ふじの・けんいち）

社会福祉事業家の家系のため社会福祉法人鳥取こども学園内で高校卒業まで生活。設計・開発エンジニアとして民間企業を経て、1998 年に社会福祉法人鳥取こども学園に入職。児童養護施設鳥取こども学園長、鳥取養育研究所事務局長、NPO 法人全国子どもアドボカシー協議会理事。

子どもアドボカシー
つながり・声・リソースをつくるインケアユースの物語

2023 年 3 月 10 日　初版第 1 刷発行

　　　　　　　　　　　　　　著　者　　　畑　　千　鶴　乃
　　　　　　　　　　　　　　　　　　　　菊　池　幸　工
　　　　　　　　　　　　　　　　　　　　藤　野　謙　一
　　　　　　　　　　　　　　発行者　　　大　江　道　雅
　　　　　　　　　　　　　　発行所　　　株式会社明石書店
　　　　　　　　　〒101-0021 東京都千代田区外神田 6-9-5
　　　　　　　　　　　　　　　　電話 03（5818）1171
　　　　　　　　　　　　　　　FAX 03（5818）1174
　　　　　　　　　　　　　　　振替　00100-7-24505
　　　　　　　　　　　　　　　https://www.akashi.co.jp/
　　　　　　　　　　　　　　装丁　　　明石書店デザイン室
　　　　　　　　　　　　　　印刷　　　株式会社文化カラー印刷
　　　　　　　　　　　　　　製本　　　協栄製本株式会社
　　　　　　　　　　　　　　ISBN978-4-7503-5552-8
　　　　　　　　　　　　　　（定価はカバーに表示してあります）

子どもアドボカシーと当事者参画のモヤモヤとこれから

子どもの「声」を大切にする社会ってどんなこと？

栄留里美、長瀬正子、永野咲 著

■A5判／並製／144頁 ◎2200円

深刻化する児童虐待を受けて、子どもの権利保障の重要性が指摘されるが、どうすればそのような社会が実現するか未だ見通せない。本書はアドボカシー、当事者参画という視点を軸に、子どもの「声」の回復と支援に求められるエッセンスを平易な言葉で伝える。

子どもアドボケイト養成講座
子どもの声を聴き権利を守るために
堀正嗣著
◎2200円

施設訪問アドボカシーの理論と実践
児童養護施設・障害児施設・障害者施設におけるアクションリサーチ
栄留里美、鳥海直美、堀正嗣、吉池毅志著
◎5500円

英国の社会的養護当事者の人権擁護運動史
世界人権問題叢書88
マイク・スタイン著
津崎哲雄訳
意見表明による劣等処遇克服への歩み
◎4800円

おおいたの子ども家庭福祉
井上登生、河野洋子、相澤仁編著
子育て満足度日本一をめざして
◎2200円

日本の児童相談所
川松亮、久保樹里、菅野道英、田中哲、長田淳子、中村みどり、浜田真樹編著
子ども家庭支援の現在・過去・未来
◎2600円

子どもコミッショナーはなぜ必要か
子どものSOSに応える人権機関
日本弁護士連合会子どもの権利委員会編
◎2600円

子どもの権利ガイドブック【第2版】
日本弁護士連合会子どもの権利委員会編著
◎3600円

子どもの虐待防止・法的実務マニュアル【第7版】
日本弁護士連合会子どもの権利委員会編
◎3200円

〈価格は本体価格です〉